MINISTÈRE DES COLONIES

GOUVERNEMENT GÉNÉRAL
DE L'AFRIQUE OCCIDENTALE FRANÇAISE

AVANT-PROJET D'UN DÉCRET
PORTANT ORGANISATION DU

DOMAINE

DANS LES COLONIES ET TERRITOIRES
RELEVANT DU GOUVERNEMENT GÉNÉRAL DE L'AFRIQUE OCCIDENTALE FRANÇAISE

ET

RAPPORT EXPLICATIF

PAR

A. BOUDILLON
SOUS-INSPECTEUR DE L'ENREGISTREMENT ET DES DOMAINES

PARIS
ÉMILE LAROSE, LIBRAIRE-ÉDITEUR
11, rue Victor-Cousin, 11
1907

AVANT-PROJET

d'un décret portant organisation du domaine dans les Colonies et Territoires relevant du Gouvernement général de l'Afrique occidentale française.

Le Président de la République française,

Vu l'article 18 du sénatus-consulte du 3 mai 1854 ;

Vu le décret du 18 octobre 1904, portant réorganisation du Gouvernement général de l'Afrique occidentale française ;

Vu le décret du 18 octobre 1904, réorganisant le Conseil de gouvernement de l'Afrique occidentale française ;

Vu l'ordonnance du 7 septembre 1840, concernant le Gouvernement du Sénégal et dépendances ;

Vu le décret du 17 décembre 1891, relatif à l'organisation des possessions françaises de la Côte occidentale d'Afrique comprises entre la Guinée portugaise et la colonie anglaise de Lagos, ensemble le décret du 10 mars 1893, portant organisation des colonies de la Guinée française, de la Côte d'Ivoire et du Bénin, et celui du 22 juin 1894, portant organisation de la colonie du Dahomey et dépendances ;

Vu le décret du 4 février 1879, qui institue un Conseil général du Sénégal et dépendances ;

Vu les décrets des 10 août 1872, portant organisation d'institutions municipales au Sénégal et dépendances, et 13 décembre 1891, autorisant la création de communes mixtes ou indigènes dans les pays d'administration directe du Sénégal, ensemble les décrets des 17 décembre 1891 et 10 mars 1893, déjà visés ;

Vu les décrets des 5 août et 7 septembre 1881, sur l'organisation et la compétence des conseils du contentieux administratif aux colonies ;

Vu le décret du 10 novembre 1903, portant réorganisation du service de la justice dans les colonies relevant du Gouvernement général de l'Afrique occidentale française ;

Vu les articles 538 à 542, 649 et 650, 713, 717, 768, 2226 et 2227 du Code civil, ensemble l'arrêté du Gouverneur du Sénégal du 5 novembre 1830, promulguant ledit Code modifié pour le Sénégal, et l'article 23 du décret du 11 mai 1892, étendant la législation du Sénégal à la colonie de la Guinée française et dépendances ;

Vu le décret du 23 octobre 1904, portant organisation du domaine en Afrique occidentale française, ensemble celui du 1er avril 1906, sur la procédure en matière domaniale ;

Vu l'article 2 du décret du 9 novembre 1901, réglant les relations entre les gouverneurs et les commandants supérieurs des troupes aux colonies, ensemble l'article 5 du décret du 26 mai 1903, portant organisation de groupements des forces militaires stationnées aux colonies ;

Vu les articles 2 et 4 du décret du 3 novembre 1905, relatif aux attributions du commandant de la marine aux colonies ;

Vu le décret du 3 novembre 1905, relatif aux points d'appui de la flotte, lequel déclare Dakar, au Sénégal, point d'appui et place de guerre ;

Vu l'article 60 de la loi du 22 avril 1905, portant fixation du budget des dépenses et des recettes pour l'exercice 1905 ;

Vu la loi du 15 juillet 1845, sur la police des chemins de fer, ensemble le décret du 9 juin 1887, rendant ladite loi exécutoire au Sénégal ;

Vu la loi du 28 juillet 1885, relative aux lignes télégraphiques et téléphoniques, ensemble le décret du 10 juin 1887, portant application de ladite loi au Sénégal ;

Vu l'édit du 24 novembre 1781, concernant l'administration des successions vacantes aux colonies, ensemble l'arrêté du Gouverneur du Sénégal du 5 novembre 1830, déjà visé ;

Vu le décret du 27 janvier 1855, sur le même objet, ensemble les décrets des 22 novembre 1861 et 14 mars 1890, portant application de cet acte au Sénégal, puis à toutes les colonies françaises ;

Vu l'ordonnance du 22 février 1829, contenant des dispositions relatives aux effets mobiliers déposés dans les greffes, ensemble le décret du 6 août 1863, déclarant ladite ordonnance applicable aux colonies ;

Vu les articles 2 à 5 du Titre IX de la loi du 6-22 août 1791, relatifs aux objets laissés dans les bureaux de douanes (Cass. civ., 18 février 1878) ;

Vu la loi du 31 décembre 1903, relative à la vente des objets abandonnés chez les ouvriers et industriels, ensemble la loi du 7 mars 1905, modifiant et complétant la première, et le décret du 31 mars 1906, la rendant applicable aux colonies ;

Vu l'édit de juin 1776, portant établissement, à Versailles, d'un dépôt des papiers publics des colonies ;

Vu les décrets des 15 février 1889, sur l'expropriation pour cause d'utilité publique au Sénégal, et 14 août 1891, portant application à cette colonie de la loi du 16 septembre 1807, ensemble l'article 23 du décret du 11 mai 1892, déjà visé ;

Vu les décrets des 20 juillet et 5 août 1900 et 24 mars 1901, relatifs au régime forestier du Sénégal, de la Côte d'Ivoire, du Dahomey et de la Guinée française ;

Vu le décret du 6 juillet 1899, portant réglementation sur la recherche et l'exploitation des mines dans les colonies et pays de protectorat de l'Afrique continentale, autres que l'Algérie et la Tunisie, ensemble le décret modificatif du 19 mars 1905 ;

Vu le décret du 24 juillet 1906, portant organisation du régime de la propriété foncière dans les colonies et territoires relevant du gouvernement général de l'Afrique occidentale française ;

Vu le décret du 20 novembre 1882, sur le régime financier des colonies, ensemble les articles 1 et 3 du décret du 3 août 1887, autorisant l'aliénation des terrains situés autour des gares du chemin de fer de Dakar-Saint-Louis, 3-1° du décret du 27 mars 1900, réglementant l'organisation de la comptabilité du chemin de fer du Soudan (Conf. loi du 30 janvier 1907, art. 48) et 2-2° des décrets des 24 décembre 1904 et 26 janvier 1907, portant création de budgets annexes au budget général de l'Afrique occidentale française, pour les chemins de fer de la Guinée française et de la Côte d'Ivoire ;

Vu, à titre consultatif, l'article 1er de la loi du 22 novembre-1er décembre 1790, relative aux domaines nationaux ; l'article 5 du décret du 12-20 mars 1791, relatif à la réunion de divers domaines nationaux aux arsenaux de plusieurs ports, et les articles 1 et 4, titre IV, de la loi du 8-10 juillet 1791, concernant la conservation et le classement des places de guerre, ensemble les articles 69 et 70 du Code de procédure civile et l'ordonnance du 6 mai 1838, sur l'instruction des actions concernant les propriétés de l'Etat ;

Vu, à titre consultatif également, l'ordonnance du 17 août 1825, faisant remise aux colonies de la Guyane française, du Sénégal et des établissements de l'Inde, de leurs revenus locaux pour leurs dépenses intérieures (non promulguée au Sénégal) ;

Vu, encore à titre consultatif, l'arrêté du Directoire du 23 nivôse au VI, qui détermine un mode pour la vente du mobilier national, ensemble le décret du 26 février 1897, relatif à la fixation du jour des ventes d'objets mobiliers appartenant à l'Etat ; l'ordonnance du 9 juin 1831, contenant de nouvelles dispositions sur la vente des objets mobiliers déposés dans les greffes ; les articles 39 et 40 du décret du 18 juin 1811, relatifs à la mise en fourrière et à la vente des animaux saisis ; les articles 1 et 2 de la loi du 15 juillet 1882, portant réduction du délai de conservation des valeurs confiées à la poste ; le décret du 13 août 1810, sur la manière dont il sera procédé dans le cas où les objets confiés aux entrepreneurs de roulage ou de messageries n'auront pas été réclamés ; l'article 20 de la loi du 3 mars 1822, relatif aux objets déposés dans les lazarets ; la loi du 31 mars 1896, relative à la vente des objets abandonnés ou laissés en gage par les voyageurs aux aubergistes ou hôteliers ; ensemble l'article 43 de la loi du 16 avril 1895, fixant le délai de prescription des sommes déposées à la caisse des dépôts et consignations,

Sur la proposition du ministre des colonies,

Décrète :

TITRE PREMIER

ORGANISATION DU DOMAINE

Chapitre premier. — Dispositions fondamentales.

Article premier. — L'ensemble des biens, tant mobiliers qu'immobiliers, qui, dans l'étendue des territoires relevant du Gouvernement général de l'Afrique occidentale française, constituent le patrimoine respectif de l'Etat, du Gouvernement général, de chaque Colonie et de chaque Commune, est désigné, par opposition à la propriété des particuliers et des groupements ou associations autres que les organismes administratifs sus-indiqués, sous le nom de domaine national (de l'Etat), colonial (du Gouvernement général), local (d'une Colonie) ou communal (d'une Commune).

Art. 2. — Le domaine de chacun desdits organismes administratifs se constitue ou s'accroît :

1° Par l'effet des dévolutions prononcées par le législateur ;

2° En vertu des dotations expressément consenties sur les dépendances d'un autre domaine ;

3° Au moyen d'acquisitions réalisées soit par des conventions de droit commun, soit, dans certains cas spécialement prévus, par la procédure d'expropriation pour cause d'utilité publique.

Art. 3. — Les divers organismes administratifs exercent, sur les biens composant leur domaine, la généralité des droits du propriétaire et jouissent des avantages attachés à ces droits, moyennant toutefois l'observation des dispositions restrictives ou limitatives ci-après établies.

Les administrations intéressées pourvoient, en conséquence, à la gestion desdits biens, dans l'intérêt commun, en se conformant aux règles imposées tant par le présent décret que par les actes organiques qui leur sont propres.

Art. 4. — Les actes passés par les autorités administratives pour la constitution et la gestion du domaine sont dressés en forme d'actes publics et réputés authentiques : ils font foi de la convention qu'ils relatent jusqu'à inscription de faux et ont, par eux-mêmes, force exécutoire.

Il est retenu de chacun de ces actes deux minutes, dont une destinée au Dépôt des archives coloniales ; des expéditions en sont délivrées aux parties intéressées, à leurs héritiers ou ayants cause, sur leur réquisition et à leurs frais.

Les doubles minutes dressées au cours de chaque période annuelle sont transmises au Dépôt des archives coloniales à Paris, dans les formes et délais fixés par les textes législatifs ou réglementaires en vigueur.

Chapitre II. — Composition du domaine.

Art. 5. — Chacun des domaines, national, colonial, local ou communal, se divise en deux parties, soumises à des conditions juridiques distinctes et désignées sous les noms de *domaine public* et *domaine privé*.

Dans la première division sont compris tous les biens dont le caractère d'utilité sociale exige, en vue de leur conservation en nature, l'intervention de la puissance publique ; dans la seconde, tous ceux, au contraire, qui, ne répondant pas aux mêmes nécessités, pourraient être indifféremment détenus par d'autres propriétaires.

§ 1er. — *Du domaine public.*

Art. 6. — Le domaine public se subdivise lui-même en deux fractions, caractérisées par l'origine des biens qui les composent :

1° Le *domaine public naturel,* essentiellement immobilier, dont la destination et l'assiette sont l'œuvre de la nature ;

2° Le *domaine public artificiel,* tantôt mobilier, tantôt immobilier, dont l'établissement est le fait du travail de l'homme.

Art. 7. — L'incorporation de portions du territoire dans le domaine public naturel résulte uniquement de phénomènes physiques (action des eaux maritimes et fluviales), indépendamment de toute décision ou même de toute constatation de l'autorité administrative.

Cependant, en cas de doute ou de contestation sur les limites du domaine public naturel, il est statué, après enquête contradictoire, s'il y a lieu, par décision du lieutenant-gouverneur, dans chaque colonie, sauf recours au conseil du contentieux administratif.

Art. 8. — Lorsque l'incorporation au domaine public se produit par suite de l'anéantissement ou de la submersion de terrains ayant fait jusque-là l'objet d'une appropriation à titre privé, les propriétaires dépossédés perdent tous droits sur les parcelles couvertes par les eaux.

Toutefois, dans le cas où la submersion est la conséquence de l'abandon naturel, par un cours d'eau navigable ou non, de son ancien lit, les propriétaires des terrains nouvellement incorporés au domaine public sont indemnisés dans les formes réglées par l'article 563 (rédaction de la loi du 8 avril 1898) du Code civil, lequel est déclaré applicable en Afrique occidentale française.

Art. 9. — Les détenteurs de portions du domaine public naturel, qui excipent de titres réguliers antérieurs aux dates des 20 juillet 1900, pour le Sénégal, le Haut-Sénégal-&-Niger et la Côte d'Ivoire, 5 août 1900, pour le Dahomey, et 24 mars 1901, pour la Guinée française, ne peuvent être dépossédés que moyennant le paiement d'une juste et préalable indemnité.

L'administration intéressée a seule qualité pour apprécier l'opportunité de la dépossession des détenteurs fondés en titre ; elle peut la provoquer à toute époque, sans avoir à invoquer la nécessité de travaux d'appropriation ou autres à effectuer.

Dans tous les cas, le chiffre de l'indemnité est fixé selon les règles établies par la législation locale en matière d'expropriation pour cause d'utilité publique, le classement prononcé par le présent décret tenant lieu, sans autre formalité, de déclaration d'utilité publique.

Art. 10. — L'incorporation d'une portion du territoire ou d'un objet mobilier dans le domaine public artificiel est subordonné à trois conditions :

1° La possession ou l'acquisition préalable par ou au nom d'un organisme administratif détenteur d'un domaine propre ;

2° L'aménagement du terrain ou de l'objet en vue de la destination assignée ;

3° La déclaration définitive de classement.

L'acte qui prononce le classement fixe les limites du domaine public artificiel.

Cette disposition s'applique même au cas d'extension donnée par des travaux publics à des dépendances du domaine public naturel.

Art. 11. — Les portions du domaine public artificiel dont la conservation ne serait plus reconnue nécessaire peuvent être déclassées et faire retour au domaine privé de l'organisme administratif propriétaire.

Le déclassement est prononcé par l'autorité qui a pourvu au classement et dans les mêmes formes.

Art. 12. — Les biens compris dans le domaine public, tant naturel qu'artificiel, sont frappés d'inaliénabilité ; ils ne peuvent, en outre, même s'ils ne se trouvent point garantis par l'immatriculation aux livres fonciers, être acquis en tout ou en partie, par prescription.

Art. 13. — Par dérogation au principe posé à l'article précédent, la propriété des biens compris dans le domaine public est transmissible entre les divers organismes administratifs susceptibles de posséder un domaine propre :

1° Par voie de cession amiable, dans le cas de constitution de dotations au profit d'un desdits organismes, mais sans que la destination des biens transmis s'en trouve modifiée ;

2° Par voie de cession amiable également ou, à défaut d'entente, par voie d'expropriation, dans le cas d'exécution, par l'un de ces mêmes organismes administratifs, de travaux d'intérêt général nécessitant un changement de destination des biens transmis.

L'expropriation ne peut cependant être requise qu'en ce qui concerne les dépendances du domaine public naturel.

Art. 14. — Par dérogation encore au même principe, la jouissance de ces mêmes biens peut être transmise à des particuliers :

1° Au moyen de contrats de concession amiable ou aux enchères, conférant aux bénéficiaires, soit le droit de percevoir à temps, aux lieu et place de l'administration concédante, les revenus à provenir d'une dépendance du domaine public créée par leur industrie, soit le droit d'exploiter, moyennant redevance, un bien de même nature déjà approprié à sa destination, à la condition de maintenir cette destination.

2° A titre exceptionnel, par l'octroi de permis d'occupation temporaire, valables pour une durée maxima de cinq années, sauf renouvellement, révocables à toute époque, sans indemnité, pour une cause d'intérêt général, et comportant autorisation, pour les titulaires, d'utiliser à leur profit exclusif, moyennant redevance, une portion déterminée du domaine public.

Art. 15. — Il peut encore être délivré, soit aux administrations, soit à des particuliers, des autorisations spéciales conférant le droit, moyennant redevance, de récolter les produits naturels du sol (abatage ou élagage des arbres, etc.), d'extraire des matériaux (terre, pierre, sable, etc.) ou d'établir des prises d'eau sur les dépendances du domaine public.

Art. 16. — Il peut aussi être fait concession, soit aux administrations, soit à des particuliers, du droit de transformer, par des travaux convenables, la nature de portions déterminées des rivages de la mer ou du lit des fleuves et rivières, lacs et lagunes, avec attribution de la propriété des terrains conquis sur les eaux, le tout aux charges et conditions stipulées aux actes de concession.

Art. 17. — L'incorporation de portions du territoire dans le domaine public, tant naturel qu'artificiel, a pour effet de grever les fonds riverains de servitudes d'utilité publique, dont la nature et l'importance sont déterminées d'après la destination assignée aux portions de territoire incorporées.

Aucune indemnité n'est due aux propriétaires en raison des servitudes ainsi établies.

Toutefois, s'il est nécessaire, pour leur exercice, de procéder à la démolition ou à la destruction de bâtiments, clôtures, ou plantations édifiés ou aménagés antérieurement, savoir : s'il s'agit de fonds riverains de dépendances du domaine public naturel, aux décrets rappelés à l'article 9 ci-dessus ; s'il s'agit de fonds riverains de dépendances du domaine public artificiel, à la déclaration d'utilité publique des travaux d'appropriation ou, à défaut, au classement desdites dépendances, il est dû aux propriétaires grevés une indemnité fixée comme en matière d'expropriation pour cause d'utilité publique.

Art. 18. — La gestion, la conservation et l'entretien du domaine public sont assurés par ceux des services publics métropolitains, locaux ou communaux, qui ont mission de pourvoir à l'utilisation des biens qui les composent, selon la destination assignée.

Art. 19. — Toute action intentée par l'administration intéressée à l'effet de mettre obstacle aux usurpations et empiètements pratiqués ou aux détériorations commises sur les dépendances du domaine public, comme aussi de réprimer les atteintes portées aux servitudes d'utilité publique qui s'y rattachent, relève de la compétence exclusive des tribunaux administratifs et est suivie dans les formes réglées par la législation spéciale à cette matière.

L'action possessoire devant les tribunaux de droit commun est, par ailleurs, ouverte aux concessionnaires et occupants temporaires, à l'effet de défendre leur droit de jouissance contre les attaques des tiers.

Art. 20. — Toute instance ayant pour objet le recouvrement de droits, produits ou redevances exigibles à raison de l'occupation ou de l'exploitation de dépendances du domaine public est introduite par la notification au débiteur d'une contrainte administrative, préalablement rendue exécutoire par l'autorité judiciaire ; l'exécution n'en peut être arrêtée que par une opposition motivée du débiteur, avec assignation à jour fixe devant le tribunal civil.

§ 2. — *Du domaine privé.*

Art. 21. — Le domaine privé se subdivise également en deux fractions, suivant le mode d'utilisation des biens qui en dépendent, savoir :

1° Le *domaine privé affecté,* comprenant tous les biens tant mobiliers qu'immobiliers attribués à titre temporaire aux divers services publics, pour l'accomplissement de leur mission particulière ;

2° Le *domaine privé non affecté,* comprenant tous les biens tant mobiliers qu'immobiliers, retenus en considération, soit des produits dont ils sont susceptibles, soit de la valeur qu'ils possèdent ou pourront acquérir pour la colonisation.

Art. 22. — L'affectation des biens du domaine privé aux services publics est prononcée par actes exprès de l'autorité administrative légalement qualifiée à cet effet.

Elle s'applique plus spécialement aux biens immeubles.

Elle est essentiellement précaire et frappe d'indisponibilité, pour le temps de sa durée, les biens qui en sont l'objet.

Art. 23. — La désaffectation des biens devenus inutiles aux services publics affectataires est prononcée par l'autorité qui a pourvu à l'affectation et dans les mêmes formes.

En ce qui concerne les biens meubles, la désaffectation est remplacée par un procès-verbal régulier de mise à la réforme.

Art. 24. — Les biens compris dans le domaine privé peuvent être, suivant les exigences du service et les besoins de la colonisation, soit cédés à bail ou aliénés, par contrat amiable ou par adjudication, selon les formes de droit commun, soit concédés à titre temporaire ou définitif, de gré à gré ou aux enchères, sauf, dans certains cas, l'observation des conditions et formes déterminées tant par le présent décret que par l'ensemble des textes en vigueur sur la matière.

Toutefois, et sauf le cas où le défrichement en est jugé indispensable, les terrains en nature de forêts ne peuvent être aliénés définitivement, au profit des particuliers, ni par vente, ni par concession, mais simplement concédés à titre temporaire et moyennant redevance, en vue d'une exploitation qui assure la conservation et le repeuplement des massifs forestiers.

Art. 25. — En règle générale, la gestion des biens du domaine privé est assurée par le service des domaines, sauf en ce qui concerne le domaine privé des communes, qui relève, sous le contrôle du gouvernement local, de l'administration municipale.

Cependant la gestion, la conservation et l'entretien des biens du domaine privé affecté sont à la charge exclusive des services affectataires, sans que ceux-ci puissent d'ailleurs prétendre, lors de la cessation de l'affectation, à aucune indemnité à raison des dépenses engagées pendant le temps de leur jouissance.

Art. 26. — Tout litige soulevé, soit par une administration, soit par un particulier, relativement à l'acquisition, à l'exercice ou à l'extinction d'un droit réel intéressant un immeuble du domaine privé relève de la compétence exclusive des tribunaux civils.

Aucune action de cette nature ne peut, d'ailleurs, être valablement portée en justice sans que le demandeur ait, au préalable, fait connaître, dans un mémoire notifié à la partie adverse, l'objet de sa demande ; cette notification a pour effet d'interrompre la prescription de l'action. Faute par le défendeur d'avoir fait connaître ses observations en réponse dans un délai de deux mois, assignation peut être donnée dans les formes ordinaires.

L'instruction des instances se poursuit sur simples mémoires respectivement signifiés et la décision n'est rendue qu'après communication du dossier à l'officier du ministère public et sur conclusions prises par ce magistrat.

Art. 27. — La procédure tracée pour les instances relatives au recouvrement des produits et revenus du domaine public est applicable, sans modification, à celles qui ont pour objet le recouvrement des produits et revenus du domaine privé.

TITRE II

RÉPARTITION ET GESTION DU DOMAINE

CHAPITRE PREMIER. — DOMAINE DE L'ETAT.

Art. 28 .— Le domaine de l'Etat ou domaine national comprend, sauf additions et modifications, les biens ci-après :

§ 1er. — *Domaine public.*

1° Les voies ferrées établies aux frais du budget métropolitain, dans les limites déterminées soit par l'arête supérieure des déblais, soit par l'arête inférieure des talus en remblai, soit par le bord extérieur des fossés du chemin et, à défaut, par une ligne tracée à un mètre cinquante centimètres (1 m. 50 c.) des rails extérieurs ; ensemble les ouvrages d'art et accessoires desdites voies ferrées, les bâtiments (stations, halles, dépôts, remises, ateliers, etc.) y attenants et les chemins et avenues permettant d'accéder auxdits bâtiments, dans les limites nécessaires à l'aménagement de ces dépendances ;

2° Les constructions et installations (postes, bureaux, magasins, etc.) édifiés aux frais du budget métropolitain aux points d'atterrissement des câbles sous-marins reliant les colonies de l'Afrique occidentale française soit avec la métropole, soit avec d'autres pays, dans les limites des terrains occupés ;

3° Les ouvrages de fortification des places de guerre régulièrement classés, dans les limites déterminées, d'une part, par la ligne intérieure de la rue militaire ou du rempart, de l'autre, par la ligne terminant les glacis, en y comprenant, s'il y a lieu, les terrains annexes ayant une destination défensive ;

4° Les routes stratégiques construites aux frais du budget métropolitain, dans la limite des terrains affectés à leur installation ;

5° Les ports militaires régulièrement classés et leurs dépendances immédiates et nécessaires (quais, terre-pleins, cales, bassins, môles, jetées, etc.) dans les limites déterminées, d'une part, par les lignes extérieures des ouvrages de protection des eaux, d'autre part, par la ligne intérieure des quais, en y comprenant, s'il y a lieu, les terrains annexes occupés en vue de la défense du littoral ;

6° Les postes électro-sémaphoriques et leurs dépendances, dans la limite des terrains occupés ;

7° Les archives des services de la guerre et de la marine.

§ 2. — *Domaine privé.*

8° Les terrains et bâtiments acquis par l'Etat, soit à titre onéreux, soit à titre gratuit, et les constructions, plantations et améliorations de toute nature faites au compte du budget métropolitain sur lesdits terrains, en vue de leur affectation aux services publics de l'Etat, et notamment aux services de la guerre et de la marine ;

9° Les biens meubles acquis aux frais du budget métropolitain et ayant une assiette déterminée en Afrique occidentale française ;

Art. 29. — Les fonds riverains des dépendances du domaine public national sont grevés des servitudes ci-après :

1° Le long des voies ferrées (Art. 28-1°) ;

a) Interdiction d'élever aucune construction autre qu'un mur de clôture à une distance de moins de deux mètres (2 m.) ;

b) Interdiction de faire ou d'entretenir aucune plantation d'arbres à une distance de moins de vingt mètres (20 m.), pour les massifs boisés, et de six mètres (6 m.), pour les sujets isolés ;

c) Interdiction d'établir aucune paillotte, ni aucun dépôt de matières inflammables à moins de vingt mètres (20 m.) ;

d) Obligation de recevoir le déversement des eaux pluviales et autres et le jet des terres provenant du curage des fossés ;

2° Dans l'étendue des zônes dites de servitudes militaires, à déterminer par un acte spécial, autour des ouvrages de fortification des places de guerre (Art. 28-3°) et le long des routes stratégiques (Art. 28-4°),

Réglementation du droit d'élever des constructions ou d'effectuer des travaux ;

3° Dans l'étendue du champ de vue, à déterminer par un acte spécial également, autour des postes électro-sémaphoriques (Art. 28-6°),

Réglementation du droit d'élever des constructions.

Article 30. — Le classement dans le domaine public artificiel et l'affectation aux services publics des biens du domaine national sont prononcés :

1° Pour les ouvrages, bâtiments ou terrains intéressant la défense militaire ou maritime des colonies du groupe, par décret du président de la République, rendu sur la proposition du Ministre des colonies ;

2° Pour toutes autres dépendances, par arrêtés du Gouverneur général, pris sur la proposition des Lieutenants-Gouverneurs.

Art. 31. — La réalisation de tous actes ou conventions relatifs à l'administration du domaine national immobilier (acquisitions, échanges, baux ou ventes de gré à gré ou aux enchères, etc.) appartient, en règle générale, au Gouverneur général.

Celui-ci peut toutefois déléguer ses pouvoirs aux Lieutenants-Gouverneurs ou à d'autres fonctionnaires de l'ordre administratif, pour la réalisation des conventions concernant des biens situés dans le ressort où s'exerce leur autorité.

Suivant les cas, le Gouverneur général, ou son délégué, est assisté :

1° Par un représentant de l'autorité militaire ou maritime, pour les actes intéressant le domaine militaire ou maritime ;

2° Par un représentant du service civil compétent, pour les actes intéressant soit le domaine public artificiel, soit le domaine privé affecté ;

3° Par un agent de l'administration des domaines, pour les actes intéressant le domaine privé non affecté.

Art. 32. — Les actes et contrats souscrits, en vertu de l'article précédent, par les Lieutenants-Gouverneurs ou par d'autres fonctionnaires, spécialement délégués à cet effet, doivent être soumis sans délai à l'approbation du Gouverneur général et ne deviennent définitifs que par le moyen de cette approbation.

Art. 33. — L'aliénation des meubles et effets mobiliers du domaine national reconnus inutiles aux services a lieu par les soins des agents de l'administration des domaines, selon les règles fixées par les textes sur la matière en vigueur dans la métropole et notamment par l'arrêté du Directoire du 23 nivôse an VI et le décret du 26 février 1897, lesquels sont déclarés applicables dans les Colonies relevant du Gouvernement général de l'Afrique occidentale française.

Art. 34. — La représentation de l'Etat en justice, pour le règlement des litiges intéressant le domaine national, appartient au Gouverneur général.

Les procédures et instances engagées ou soutenues à la requête du Gouverneur général sont poursuivies, devant les différentes juridictions coloniales ou métropolitaines, à la diligence, savoir :

1° Du Commandant supérieur des troupes du groupe de l'Afrique occidentale, en ce qui concerne le domaine public militaire (ouvrages de fortifications et voies stratégiques) et le domaine privé affecté aux services de la guerre ;

2° Du Commandant de la marine à Dakar, en ce qui concerne le domaine public maritime (ouvrages de défense) et le domaine privé affecté aux services de la marine ;

3° Des agents du service des domaines, dans les diverses colonies, pour tout le surplus du domaine public et du domaine privé affecté ou non affecté.

Art. 35. — Le recouvrement des produits et revenus de toute nature du domaine national, savoir : prix de vente d'objets mobiliers réformés ; prix de location de terrains dépendant des fortifications et ouvrages de défense militaire ou maritime ou prix de vente des fruits et menus produits de ces mêmes terrains ; prix de location ou de vente d'immeubles déclassés ou désaffectés ; et accessoires de ces diverses créances, est effectué exclusivement par le service des domaines.

Chapitre II, — Domaine du Gouvernement général

Art. 36. — Le domaine du Gouvernement général ou domaine colonial comprend, sauf additions ou modifications, les biens ci-après :

§ 1er. — *Domaine public.*

1° Les rivages de la mer, jusqu'à la limite des plus hautes marées, et les étangs salés et lagunes en communication directe avec la mer ;

2° Les fleuves, rivières et cours d'eau navigables sur tout ou partie de leur cours et rattachés au réseau général des voies de communication intercoloniales, ainsi que les lacs, étangs et lagunes communiquant avec eux, dans les limites déterminées par la hauteur des plus hautes eaux d'hivernage, sans débordement ; ensemble les travaux effectués au moyen des ressources ordinaires ou extraordinaires du budget général, pour assurer ou faciliter la circulation par eau (digues, barrages, écluses, etc.) dans la limite des terrains occupés ;

3° Les canaux de navigation, d'irrigation ou de dessèchement créés au compte du budget général, ainsi que les chemins réservés le long de ces ouvrages, pour le halage et l'entretien, dans les limites déterminées par les bords extérieurs desdits chemins ;

4° Les ports de commerce maritimes ou fluviaux et leurs dépendances (quais, terre-pleins, cales, bassins, môles, jetées, etc.), aménagés au compte du budget général, dans les limites déterminées, d'une part, par les lignes extérieures des ouvrages de protection des eaux, d'autre part, par la ligne intérieure des quais ;

5° Les phares, fanaux et sémaphores et leurs dépendances, installés au compte du budget général, dans les limites des terrains occupés ;

6° Les voies publiques, routes et pistes, établies au compte du budget général, dans les limites déterminées par les dimensions de l'emprise, en y comprenant, s'il y a lieu, les talus, tant en remblai qu'en déblai, et fossés latéraux ; ensemble les ouvrages d'art (ponts, ponceaux, aqueducs, etc.) et dépendances (gares de dépôt, d'évitement, etc.), dans la limite des terrains occupés ;

7° Les voies ferrées construites au compte du budget général, dans les limites déterminées soit par l'arête supérieure des déblais, soit par l'arête inférieure des talus en remblai, soit par le bord extérieur des fossés du chemin et, à défaut, par une ligne tracée à un mètre cinquante centimètres (1 m. 50 c.) des rails extérieurs ; ensemble les ouvrages d'art et accessoires desdites voies ferrées, les bâtiments (stations, halles, dépôts, remises, ateliers, etc.) y attenants et les chemins et avenues permettant d'accéder auxdits bâtiments, dans les limites nécessaires à l'aménagement de ces dépendances ;

8° Les lignes télégraphiques et téléphoniques construites au compte du budget général, avec leurs dépendances, dans la limite des terrains occupés ;

9° Les ouvrages exécutés au compte du budget général, dans un but d'utilité publique, pour l'utilisation des forces hydrauliques et le transport de l'énergie électrique, avec leurs dépendances, dans la limite des terrains occupés ;

10° Les archives du Gouvernement général et des services à la charge du budget général ;

§ 2. — *Domaine privé.*

11° Les terrains et bâtiments acquis par le Gouvernement général, soit à titre onéreux, soit à titre gratuit, et les constructions, plantations et améliorations de toute nature faites au compte du budget général sur lesdits terrains, en vue de leur affectation aux services publics ;

12° Les biens meubles acquis aux frais du budget général, avec la même destination ;

13° Les valeurs et effets mobiliers confisqués en vertu de décisions des juridictions criminelles et correctionnelles, ainsi que l'action en revendication du prix d'aliénation des objets déposés dans les greffes des tribunaux, à l'occasion des procès civils ou criminels, ou abandonnés dans les bureaux de douanes et considérés comme épaves, à défaut de réclamation, dans les délais fixés par les textes métropolitains, des propriétaires ou ayants droit.

Art. 37. — Les fonds riverains des dépendances du domaine public colonial sont grevés des servitudes ci-après :

1° Le long des rivages de la mer (Art. 36-1°),

Servitude de passage sur une largeur de dix mètres (10 m.) ;

2° Le long des rives des cours d'eau, ainsi que sur le bord des îles (Art. 36-2°),

Servitude de passage sur une largeur de cinq mètres (5 m.) ;

3° Le long des voies publiques (Art. 36-6°),

a) Obligation de se conformer, pour l'établissement des bâtiments et clôtures, à l'alignement donné par l'autorité administrative ;

b) Interdiction de faire ou d'entretenir aucune plantation d'arbres à une distance de moins de deux mètres (2 m.) ;

c) Obligation de recevoir le jet des terres provenant du curage des fossés ;

4° Le long des voies ferrées (Art. 36-7°),

a) Interdiction d'élever aucune construction autre qu'un mur de clôture à une distance de moins de deux mètres (2 m.) ;

b) Interdiction de faire ou d'entretenir aucune plantation d'arbres à une distance de moins de vingt mètres (20 m.), pour les massifs boisés, et de six mètres (6 m.), pour les sujets isolés ;

c) Interdiction d'établir aucune paillotte, ni aucun dépôt de matières inflammables à moins de vingt mètres (20 m.) ;

d) Obligation de recevoir le déversement des eaux pluviales et autres et le jet des terres provenant du curage des fossés ;

5° Sur le parcours des lignes télégraphiques et téléphoniques (Art. 36-8°) et des conducteurs de l'énergie électrique (Art. 36-9°),

a) Servitude d'implantation et d'appui des poteaux et supports ;

b) Servitude de circulation limitée aux agents de l'administration chargés de la surveillance et de l'entretien.

Art. 38. — Le classement dans le domaine public artificiel et l'affectation aux services publics des biens du domaine colonial sont prononcés, dans tous les cas, par arrêtés du Gouverneur général, pris en Commission permanente de Conseil de gouvernement, sur la proposition des Lieutenants-Gouverneurs.

Ces arrêtés sont, en outre, contresignés, en matière d'affectation aux services de la guerre et de la marine, par le Commandant supérieur des troupes de l'Afrique occidentale ou par le Commandant de la marine à Dakar.

Art. 39. — La réalisation de tous actes ou conventions relatifs à l'administration du domaine colonial immobilier (acquisitions, échanges, baux ou ventes de gré à gré ou aux enchères, concessions, etc.) appartient, après avis de la

Commission permanente de conseil de gouvernement, au Gouverneur général.

Celui-ci peut toutefois déléguer ses pouvoirs aux Lieutenants-Gouverneurs ou à d'autres fonctionnaires de l'ordre administratif, pour la réalisation des conventions concernant des biens situés dans le ressort où s'exerce leur autorité.

Suivant les cas, le Gouverneur général, ou son délégué, est assisté :

1° Par un représentant de l'autorité militaire ou maritime, pour les actes intéressant le domaine militaire ou maritime ;

2° Par un représentant du service civil compétent, pour les actes intéressant soit le domaine public artificiel, soit le domaine privé affecté ;

3° Par un agent de l'administration des domaines, pour les actes intéressant soit le domaine public naturel, soit le domaine privé non affecté.

Art. 40. — Les actes et contrats souscrits en vertu de l'article précédent par les Lieutenants-Gouverneurs ou par d'autres fonctionnaires, spécialement délégués à cet effet, doivent être soumis sans délai à l'approbation du Gouverneur général et ne deviennent définitifs que par l'effet de cette approbation.

Article 41. — L'aliénation des meubles et effets mobiliers du domaine colonial reconnus inutiles aux services et des épaves dont le prix est éventuellement attribué au domaine colonial a lieu par les soins des agents des douanes, pour les objets abandonnés dans les bureaux de ce service, par ceux des agents des domaines, pour tous autres objets, et, dans les deux cas, selon les règles fixées par les textes en vigueur ou, à défaut, par les textes métropolitains (sauf modification en ce qui concerne la dévolution des produits) et notamment par les articles 2 à 5, titre IX, de la loi du 6-22 août 1791 et l'ordonnance du 9 juin 1831, laquelle est déclarée applicable dans les colonies relevant du Gouvernement général de l'Afrique occidentale française.

La remise par la caisse des dépôts et consignations au budget général des prix de vente provisoirement versés à cet établissement et non réclamés par les ayants droit est provoquée, dans le mois qui précède l'échéance du délai de péremption, par les services qui en ont effectué le dépôt.

Art. 42. — La représentation du Gouvernement général en justice, pour le règlement des litiges intéressant le domaine colonial, est exercée par le Gouverneur général, la commission permanente de conseil de gouvernement entendue, sauf dispense en cas d'urgence.

Les procédures et instances engagées ou soutenues à la requête du Gouverneur général sont poursuivies, devant les différentes juridictions coloniales ou métropolitaines, à la diligence des agents du service des domaines.

Exceptionnellement, dans le cas où les intérêts de l'Etat et ceux du Gouvernement général se trouvent en opposition, la représentation du Gouvernement général est confiée au Secrétaire général du Gouvernement général et le soin de poursuivre les procédures et instances est remis à des agents spécialement désignés à cet effet par le Gouverneur général.

Art. 43. — Le recouvrement des revenus et produits de toute nature du domaine colonial, savoir : prix de vente d'objets mobiliers ; redevances dues pour occupation temporaire, récolte des produits, extraction de matériaux ou établissement de prises d'eau dans l'étendue du domaine public maritime ou fluvial ; produits et revenus des établissements régis ou affermés par le Gouvernement général ; prix de location ou de vente d'immeubles déclassés ou désaffectés ; et accessoires de ces diverses créances, est effectué exclusivement par les agents du service des domaines, pour le compte, soit du budget général, soit des budgets annexes des chemins de fer.

Chapitre III. — Domaine des colonies.

Art. 44. — Le domaine de chaque colonie ou domaine local comprend, sauf additions ou modifications, les biens ci-après :

§ 1er. — *Domaine public.*

1° Les fleuves, rivières et cours d'eau navigables ou non, ainsi que les lacs, étangs et lagunes communiquant avec eux, non compris dans le domaine colonial, dans les limites déterminées par la hauteur des plus hautes eaux d'hivernage, sans débordement ;

2° Les sources et puits naturels ou aménagés à l'usage du public, dans les mêmes limites (en dehors du périmètre des centres urbains érigés en communes, communes mixtes ou communes indigènes) ;

3° Les canaux de navigation, d'irrigation ou d'assèchement, les aqueducs et conduites d'eau créés au moyen des ressources du budget local, ainsi que les chemins réservés le long de ces ouvrages, pour le halage et l'entretien, dans les limites déterminées par les bords extérieurs desdits chemins ;

4° Les voies publiques, rues, routes, pistes et sentiers, établies au compte du budget local, dans les limites déterminées par les dimensions de l'emprise, en y comprenant, s'il y a lieu, les talus, tant en remblai qu'en déblai, et fossés latéraux ; ensemble les ouvrages d'art (ponts, ponceaux, aqueducs, etc.) et dépendances (gares de dépôt, d'évitement, etc.), dans la limite des terrains occupés ;

5° Les voies ferrées construites au compte du budget local, dans les limites déterminées soit par l'arête supérieure des déblais, soit par l'arête inférieure des talus en remblai, soit par le bord extérieur des fossés du chemin et, à défaut, par une ligne tracée à un mètre cinquante centimètres (1 m. 50 c.) des rails extérieurs ; ensemble les ouvrages d'art et accessoires des dites voies ferrées, les bâtiments (stations, halles, dépôts, remises, ateliers, etc.) y attenants et les chemins et avenues permettant d'accéder auxdits bâtiments, dans les limites nécessaires à l'aménagement de ces dépendances ;

6° Les lignes télégraphiques et téléphoniques construites au compte du budget local, avec leurs dépendances, dans la limite des terrains occupés ;

7° Les ouvrages exécutés au compte du budget local, dans un but d'utilité publique, pour l'utilisation des forces hydrauliques et le transport de l'énergie électrique, avec leurs dépendances, dans la limite des terrains occupés ;

8° Les bâtiments affectés à l'exercice des divers cultes, édifiés au compte soit du budget local, soit de groupements ou associations ne jouissant pas de la personnalité civile (en dehors, toutefois, du périmètre des centres urbains érigés en communes, communes mixtes ou communes indigènes), et leurs dépendances, dans la limite des terrains occupés ;

9° Les archives du Gouvernement local et celles des services qui en dépendent ;

§ 2. — *Domaine privé.*

10° Les terrains et bâtiments acquis par le Gouvernement local, soit à titre onéreux, soit à titre gratuit, et les constructions, plantations et améliorations de toute nature faites, au compte du budget local, sur lesdits terrains, en vue de leur affectation aux services publics ;

11° Les portions des territoires acquis à la France par voie de conquête ou par l'effet d'actes de cession volontaire qui, n'ayant jamais fait ou ayant cessé de faire l'objet d'une appropriation légitime exclusive par un individu ou une collectivité, sont demeurées ou devenues vacantes et sans maître (en dehors, toutefois, du périmètre des centres urbains érigés en communes, communes mixtes ou communes indigènes) ;

12° Les terrains conquis sur la mer, soit naturellement et par l'effet des alluvions apportées par le flot (lais de mer) ou du retrait de la mer (relais), soit artificiellement et par suite de l'exécution de travaux effectués sur les fonds du budget local ;

13° Les îles, îlots et atterrissements qui se forment dans le lit des fleuves, rivières et cours d'eau navigables ou non navigables ;

14° Les biens des individus décédés ou disparus, ensemble ceux des absents non représentés, si, durant la période assignée pour la gestion du curateur, il ne se présente aucun héritier ou ayant droit pour les réclamer.

15° Les biens meubles acquis aux frais du budget local ;

16° Le droit de rétention ou l'action en revendication de la valeur ou du montant du prix d'aliénation des épaves : animaux abandonnés ou saisis, valeurs déposées dans les bureaux de poste, effets et objets mobiliers confiés aux entrepreneurs de transport par terre ou par eau ou abandonnés chez les aubergistes et hôteliers, chez les ouvriers et industriels ou dans les lazarets, à défaut de réclamation des propriétaires ou ayants droit dans les délais fixés par les textes métropolitains.

Art. 45. — Les fonds riverains des dépendances du domaine public local sont grevés des servitudes ci-après :

1° Le long des rives des cours d'eau navigables ou non, ainsi que sur le bord des îles (Art. 44-1°),

Servitude de passage sur une largeur de cinq mètres (5 m.) ;

2° A l'entour des sources et puits (Art. 44-2°),

a) Interdiction d'effectuer aucun dépôt ou enfouissement d'immondices ou de matériaux susceptibles de contaminer les eaux, dans un rayon de cinquante mètres (50 m.) ;

b) Interdiction de pratiquer aucun défrichement ou déboisement, dans un rayon de dix mètres (10 m.) ;

3° Le long des voies publiques (Art. 44-3°),

a) Obligation de se conformer, pour l'établissement des bâtiments et clôtures, à l'alignement donné par l'autorité administrative ;

b) Interdiction de faire ou d'entretenir aucune plantation d'arbres à une distance de moins de deux mètres (2 m.) ;

c) Obligation de recevoir le jet des terres provenant du curage des fossés ;

4° Le long des voies ferrées (Art. 44-5°),

a) Interdiction d'élever aucune construction autre qu'un mur de clôture à une distance de moins de deux mètres (2 m.) ;

b) Interdiction de faire ou d'entretenir aucune plantation d'arbres à une distance de moins de vingt mètres (20 m.), pour les massifs boisés, et de six mètres (6 m.), pour les sujets isolés ;

c) Interdiction d'établir aucune paillotte, ni aucun dépôt de matières inflammables à moins de vingt mètres (20 m.) ;

d) Obligation de recevoir le déversement des eaux pluviales et autres et le jet des terres provenant du curage des fossés ;

5° Sur le parcours des lignes télégraphiques et téléphoniques (Art. 44-6°) et des lignes conductrices de l'énergie électrique (Art. 44-7°),

a) Servitude d'implantation et d'appui des poteaux et supports ;

b) Servitude de circulation limitée aux agents de l'administration chargés de la surveillance et de l'entretien.

Art. 46. — Le classement dans le domaine public artificiel et l'affectation aux services publics des biens du domaine local sont prononcés par arrêtés des Lieutenants-Gouverneurs, pris sur la proposition des chefs des services intéressés, après décision du Conseil général, pour le Sénégal, ou après avis du Conseil d'administration, pour les autres colonies.

Art. 47. — La réalisation de tous actes ou conventions relatifs à l'administration du domaine local immobilier (acquisitions, échanges, baux ou ventes de gré à gré ou aux enchères, concessions, etc.) appartient, après décision du Conseil général, pour le Sénégal, ou après avis du Conseil d'administration, pour les autres colonies, exclusivement au Lieutenant-Gouverneur.

Celui-ci peut toutefois déléguer ses pouvoirs au Secrétaire général du gouvernement ou à d'autres fonctionnaires de l'ordre administratif, pour la réalisation des conventions intéressant des biens situés dans la circonscription où ils exercent leurs fonctions.

Suivant les cas, le Lieutenant-Gouverneur, ou son délégué, est assisté :

1° Par un représentant du service compétent, pour les actes concernant soit le domaine public artificiel, soit le domaine privé affecté ;

2° Par un représentant du service des domaines, pour les actes concernant soit le domaine public naturel, soit le domaine privé non affecté.

Art. 48. — Les actes et contrats souscrits en vertu de l'article précédent par le Secrétaire général ou par d'autres fonctionnaires, spécialement délégués à cet effet, doivent être soumis sans délai à l'approbation du Lieutenant-Gouverneur et ne deviennent définitifs que par l'effet de cette approbation.

Art. 49. — Exceptionnellement la location et l'aliénation réalisées soit par contrat amiable de bail ou de vente ou par amodiation ou adjudication, soit par voie de concession, à titre temporaire ou définitif, de gré à gré ou aux enchères, des terres destinées à la colonisation (y compris les forêts) sont soumises aux règles suivantes :

1° La validité des contrats, quelle qu'en soit la forme, souscrits par les Lieutenants-Gouverneurs ou, éventuellement, par leurs délégués, dans les conditions énoncées aux articles 47 et 48, demeure subordonnée, pour les lots d'une contenance supérieure à deux cents hectares, à l'approbation, savoir :

a) Du Gouverneur général, lorsque la superficie ne dépasse pas cinq mille hectares (5.000 h.) ;

b) Du Ministre des colonies, la Commission des concessions coloniales entendue, lorsque la superficie dépasse cinq mille hectares (5.000 h.) ;

2° Les clauses et conditions de la location ou de l'aliénation sont déterminées, dans chaque cas particulier, suivant la situation du lot demandé, la nature du sol et celle de l'exploitation à entreprendre ;

3° Ces clauses et conditions sont, suivant l'importance de l'opération projetée, et la forme proposée pour l'acte à intervenir, énoncées soit dans cet acte même, soit dans un cahier des charges annexé audit acte, ce dernier fixant, au surplus, s'il y a lieu, le taux des redevances ;

4° Un cahier des charges unique peut être établi pour tous les lots compris au plan de lotissement d'un même centre urbain, en vue de leur mise en adjudication simultanée ou successive ou de leur attribution par voie de cession, suivant les besoins de la colonisation ;

5° Les cahiers des charges sont obligatoirement soumis au Conseil général ou aux Conseils d'administration (suivant la distinction établie à l'article 47), soit, dans les cas réglés aux numéros 2° et 3°, en même temps que l'acte de concession, soit, dans le cas réglé par le numéro 4°, au moment de la rédaction ;

6° La concession du droit de jouissance sur un lot dont le caractère domanial n'a pas été consacré d'une façon irrévocable par la procédure de l'immatriculation doit être précédée d'une publicité suffisante pour permettre la révélation et, s'il y a lieu, la discussion de tous droits antérieurs et mention des mesures prises à cet effet doit être faite à l'acte de concession ;

6° Tout acte de concession de terres de colonisation doit être, ainsi que le cahier des charges qui s'y rapporte, publié au *Journal officiel* de la colonie ;

8° Ces règles sont applicables aux cessions à consentir à l'Etat, au Gouvernement général ou aux Communes, soit en vue de constituer à celles-ci un domaine privé (en ce qui concerne plus spécialement les Communes qui seront créées à l'avenir), soit pour permettre aux premiers l'édification de constructions ou l'exécution d'ouvrages à classer dans le domaine public ou à affecter à un service public.

Art. 50. — L'aliénation des meubles et effets mobiliers du domaine local reconnus inutiles aux services, de ceux dévolus aux colonies au titre des biens vacants ou en déshérence et des épaves dont le prix est éventuellemnt attribué au budget local a lieu par les soins des agents du service des domaines ou,, exceptionnellement, des officiers ministériels commis, conformément aux textes en vigueur ou, à défaut, aux dispositions des textes métropolitains (sauf modification en ce qui concerne l'attribution du produit) et notamment des articles 39 et 40 du décret du 18 juin 1811, 1 et 2 de la loi du 15 juillet 1882, du décret du 13 août 1810, de l'article 20 de la loi du 3 mars 1822, de la loi du 31 mars 1896, lesquels sont déclarés applicables dans les colonies relevant du Gouvernement général de l'Afrique occidentale française.

La répétition par le domaine à l'encontre de la Caisse

des dépôts et consignations des sommes reçues par cet établissement et non remises aux ayants droit, en matière de successions et biens vacants ou en déshérence, est opérée dans les formes prévues à l'article 91 de l'arrêté ministériel du 20 juin 1864.

La remise des prix de vente provisoirement versés au même établissement et non réclamés par les ayants droit, en matière d'épaves, est provoquée, au début de chaque année, pour les sommes définitivement acquises pendant l'année précédente, par le service des domaines.

Art. 51. — La représentation du Gouvernement local en justice, pour le règlement des litiges intéressant le domaine local, est exercée par le Lieutenant-Gouverneur, après décision du Conseil général, pour le Sénégal, ou après avis du Conseil d'administration, pour les autres colonies, sauf dispense en cas d'urgence.

Les procédures et instances engagées ou soutenues à la requête du Lieutenant-Gouverneur sont poursuivies, devant les différentes juridictions coloniales ou métropolitaines, à la diligence des agents du service des domaines.

Exceptionnellement, dans le cas où les intérêts du Gouvernement local et ceux de l'Etat ou du Gouvernement général se trouvent en opposition, la poursuite des procédures et instances est confiée, pour l'Etat ou le Gouvernement général, aux agents du service des domaines, pour le Gouvernement local, à des agents spécialement désignés à cet effet par le Lieutenant-Gouverneur.

Art. 52. — Le recouvrement des produits et revenus de toute nature du domaine local, savoir : prix de vente d'objets mobiliers ; soldes des liquidations de successions et biens vacants non réclamés ; prix de location et de vente de biens meubles et immeubles recueillis à titre de déshérence ; redevances dues pour occupation temporaire, récolte de produits, extraction de matériaux ou établissement de prises d'eau dans l'étendue du domaine public fluvial ; revenus des établissements régis ou affermés par le Gouvernement local ; prix de location ou de vente d'immeubles déclassés ou désaffectés ; prix de location ou de vente et redevances pour concession à titre temporaire ou définitif de terres de colonisation (y compris les forêts) ; et accessoires de ces diverses créances, est effectué exclusivement par les agents du service des domaines, pour le compte du budget local.

Chapitre IV. — Domaine des communes.

Art. 53. — Le domaine de chaque commune ou domaine communal comprend, sauf additions ou modifications, les biens ci-après :

§ 1er. — *Domaine public.*

1° Les sources et puits naturels ou aménagés à l'usage du public, compris dans le périmètre du territoire communal, dans les limites déterminées par la hauteur des eaux et les dimensions des terrains occupés ;

2° Les aqueducs, conduites et canalisations d'eau établis au moyen des ressources du budget communal, ainsi que les chemins créés le long de ces ouvrages, pour leur entretien, dans les limites déterminées par les bords extérieurs soit des ouvrages eux-mêmes, soit des chemins réservés ;

3° Les voies publiques, rues et ruelles, les quais et les places publiques établis au compte du budget communal, dans les limites déterminées par les dimensions de l'emprise ;

4° Les lignes de tramways construites au compte du même budget, dans les limites déterminées par les dimensions de l'emprise, ensemble les ouvrages d'art (ponts, ponceaux, etc.) et dépendances (stations, bureaux, dépôts, remises, etc.) y attenants, dans les limites des terrains occupés ;

5° Les lignes télégraphiques et téléphoniques et les conducteurs d'énergie électrique des réseaux urbains, dans les limites des terrains occupés ;

6° Les bâtiments affectés à l'exercice des divers cultes, édifiés dans l'étendue du territoire communal, au compte soit du budget communal, soit de groupements ou associations ne jouissant pas de la personnalité civile ;

7° Les archives de la Commune et des services qui en dépendent ;

§ 2. — *Domaine privé.*

8° Les terrains et bâtiments acquis par la Commune, soit à titre onéreux, soit à titre gratuit, et les constructions, plantations et améliorations de toute nature faites aux frais du budget communal sur lesdits immeubles, en vue de leur affectation aux services publics ;

9° Les portions de territoires réputées vacantes et sans maître situées dans les limites du territoire communal ;

10° Les biens meubles acquis aux frais du budget communal.

Art. 54. — Les fonds riverains des dépendances du domaine communal sont grevés des servitudes ci-après :

1° A l'entour des sources et puits (Art. 53-1°),

a) Interdiction d'effectuer aucun dépôt ou enfouissement d'immondices ou de matériaux susceptibles de contaminer les eaux, dans un rayon de cinquante mètres (50 m.) ;

b) Interdiction de pratiquer aucun défrichement, ni déboisement dans un rayon de dix mètres (10 m.) ;

2° Le long des voies publiques (Art. 53-3°) et des lignes de tramways (Art. 53-4°),

a) Obligation de se conformer, pour l'établissement des bâtiments et clôtures, à l'alignement donné par l'autorité administrative ;

b) Interdiction de faire ou d'entretenir aucune plantation d'arbres à une distance de moins de deux mètres (2 m.) ;

3° Sur le parcours des lignes télégraphiques et téléphoniques et des lignes conductrices de l'énergie électrique (Art. 53-5°),

a) Servitude d'implantation et d'appui des poteaux et supports ;

b) Servitude de circulation limitée aux agents de l'administration chargés de la surveillance et de l'entretien.

Art. 55. — Les divers actes de gestion du domaine communal, classement dans le domaine public artificiel ou affectation aux services publics de biens qui en dépendent, réalisation des contrats et conventions qui s'y rapportent, représentation de la commune en justice pour le règlement des litiges qui l'intéressent, recouvrement des produits et revenus dont il est susceptible, sont du ressort exclusif de l'autorité municipale, sauf l'observation des formes et l'exercice du contrôle prévus par les textes organiques.

TITRE III

CONTROLE DU DOMAINE

Art. 56. — La consistance du domaine respectif de chacun des organismes administratifs est établie :

1° En ce qui concerne les biens mobiliers, par des inventaires, dont la forme et le mode de confection et de mise à jour sont déterminés par les règlements spéciaux à chaque administration ;

2° En ce qui concerne les biens immobiliers, par les tableaux généraux des immeubles domaniaux, dont la préparation, l'exécution et la conservation sont assurées dans les formes réglées par les articles 60 et 70 du présent décret.

Art. 57. — Les règlements actuellement en vigueur pour la confection des inventaires continueront à être observés ; cependant, dans le cas où ces règlements seraient jugés insuffisants, en ce qui concerne les administrations locales, le Gouverneur général et les Lieutenants-Gouverneurs prendront toutes mesures pour pourvoir sans retard à les compléter ou à les remplacer.

Art. 58. — L'observation des prescriptions dont il est fait état en l'article précédent est constatée par l'exécution périodique de récolements des objets mobiliers compris aux inventaires.

Les récolements sont obligatoires : 1° lors de l'achèvement des inventaires ; 2° à la fin de chaque année ; 3° à chaque mutation du fonctionnaire responsable des objets inventoriés.

Art. 59. — Les récolements sont opérés par des commissions investies, à cet effet, de pouvoirs spéciaux et dont font nécessairement partie :

1° S'il s'agit d'objets mobiliers affectés à un service public, un agent du service affectataire ;

2° S'il s'agit d'objets mobiliers affectés à l'usage personnel de fonctionnaires publics, un agent du service des domaines.

Cette disposition ne s'applique point toutefois au cas de récolement d'objets mobiliers appartenant aux administrations municipales.

Art. 60. — Il sera dressé, dans chaque colonie, par le service des domaines, au vu des titres et documents conservés aux archives et des renseignements recueillis auprès des divers services locaux, des tableaux généraux des biens domaniaux situés sur le territoire de la colonie, en groupant, par catégories distinctes, pour chacun des organismes administratifs propriétaires ;

1° Les biens du domaine public, à l'exception de ceux qui, comme les rivages de la mer, les cours d'eau et autres dépendances du système hydrographique, les réseaux de voies de communication (routes ou chemins de fer), comportent un long développement, et les biens du domaine privé affectés à un service public ;

2° Les biens du domaine privé non affectés à un service public, à l'exception des terres vacantes et sans maître n'ayant encore fait l'objet d'aucune reconnaissance ni délimitation précise, en vue de la colonisation.

Art. 61. — Les renseignements fournis par les tableaux généraux seront développés sur les *Sommiers* dits de *consistance du domaine*, au nombre de deux, pour chacun des domaines national, colonial, local et communal, savoir :

1° Le *Sommier des biens affectés à un service public ;*

2° Le *Sommier des biens non affectés à un service public ;*

Chaque article ouvert à l'un de ces deux sommiers devra faire connaître la consistance de l'immeuble, sa superficie, sa situation (avec référence au titre foncier, s'il est immatriculé), sa valeur et, suivant le cas, son affectation (avec mention de la nature et de la date de l'acte d'affectation) ou son utilisation (avec mention de la nature et de la date des actes [baux, concessions sous condition de mise en valeur, etc.] successivement passés en vue de cette utilisation).

Art. 62. — Les tableaux généraux dressés dans chaque colonie seront soumis simultanément à l'approbation du Gouverneur général en Conseil de gouvernement.

Cette formalité confèrera, si besoin est, aux organismes administratifs attributaires, la propriété irrévocable tant des parcelles de terrains du domaine national ayant pu être occupés à l'époque de l'édification ou de l'installation des bâtiments et aménagements attribués que de ces bâtiments et aménagements eux-mêmes, dans le cas de doute sur l'origine des fonds employés au paiement des travaux.

Art. 63. — Aussitôt après l'approbation des tableaux généraux, le service des domaines provoquera, de la part de l'autorité compétente, la signature d'une décision prononçant l'affectation expresse de tout immeuble qui n'aura pas fait antérieurement l'objet d'une affectation régulière.

Art. 64. — La constitution des tableaux généraux terminée, le contrôle de la consistance des divers domaines est tenu, pour les domaines national, colonial et local, par le service des domaines ; pour le domaine communal, par les administrations municipales.

Art. 65. — A cet effet, tous les titres de propriété concernant les immeubles compris aux tableaux généraux sont remis suivant la distinction établie à l'article précédent, au service des domaines ou aux administrations municipales.

Exception est faite toutefois pour les titres consistant en une minute d'acte administratif conservée aux archives de l'autorité qui l'a dressée et pour ceux intéressant le domaine national militaire ou maritime, géré par l'administration militaire ou maritime ; mais il est remis, en ce cas, au service des domaines, une expédition régulière des premiers de ces titres et une copie certifiée des seconds.

Art. 66. — Tout changement survenant dans la consistance des immeubles portés aux tableaux généraux, soit par addition ou construction nouvelle, soit par distraction ou démolition, est porté à la connaissance du service des domaines, dès achèvement des travaux, par le service qui les a effectués.

Art. 67. — Toute acquisition d'immeuble faite sur les fonds des budgets de l'Etat, du Gouvernement général ou des Colonies est notifiée au service des domaines par le service qui y a procédé, au moyen de la remise d'une expédition ou d'une copie de l'acte, suivant les distinctions exposées à l'article 65.

Le paiement du prix ne peut avoir lieu sans que le mandat soit appuyé, indépendamment des pièces prescrites par les règlements sur la comptabilité publique, d'un certificat délivré par le service des domaines et relatant soit l'exécution de l'inscription de l'immeuble au tableau général, avec indication du numéro attribué, soit le non-accomplissement de cette formalité, si l'immeuble doit être incorporé au domaine public, dans celles de ses dépendances qui sont soustraites à la règle générale.

Art. 68. — Toute aliénation d'immeuble domanial est également notifiée au service des domaines par l'autorité qui l'a consentie, au moyen de la remise d'une expédition de l'acte, laquelle sert, en même temps, s'il y a lieu, de titre exécutoire pour le recouvrement du prix stipulé.

Dans tous les cas, l'acte doit indiquer le numéro sous lequel l'immeuble aliéné figure au tableau général.

Art. 69. — Toute affectation ou désaffectation d'un immeuble du domaine privé est suivie de la remise effective, soit par le service des domaines au service affectataire, soit, inversement, par le service affectataire au service des domaines ; cette remise est constatée par un procès-verbal dressé contradictoirement et en double original, par les représentants des deux services.

Lorsque la désaffectation est immédiatement suivie d'une affectation nouvelle, les deux services successivement affectataires et le service des domaines doivent concourir à la remise et le procès-verbal est, en ce cas, dressé en triple original par les représentants des trois services.

Art. 70. — Tout classement dans le domaine public d'un immeuble du domaine privé a pour conséquence soit sa radiation du tableau général, soit son transfert de la catégorie des biens non affectés à un service public à celle des biens affectés, suivant les distinctions établies à l'article 60-1° ; inversement, tout déclassement d'un immeuble précédemment incorporé au domaine public donne lieu soit à son inscription au tableau général, soit à son transfert de la catégorie des biens affectés aux services publics à celle des biens non affectés.

L'opération est justifiée, dans tous les cas, par la production d'une ampliation de l'acte qui prononce le classement ou le déclassement.

Dispositions complémentaires.

Art. 71. — Les bois et forêts du domaine privé demeurent soumis, pour tout ce qui concerne leur exploitation et leur conservation, à la réglementation forestière en vigueur, le présent décret statuant uniquement, en ses articles 24, 49, 52, 53 et 55, sur l'attribution et l'étendue du droit de propriété des terres boisées et la dévolution des produits et revenus à en tirer.

Art. 72. — Les mines demeurent soumises intégralement à la réglementation minière en vigueur, qui détermine le mode de recherche des gîtes miniers et les conditions tant financières qu'industrielles de leur exploitation.

Art. 73. — Des règlements généraux, pris par le Gouverneur général en Conseil de gouvernement, édictent les règles relatives :

1° A la procédure à suivre pour la détermination administrative des limites du domaine public naturel (Art. 7, 2e al.) ;

2° A la procédure à suivre pour la délivrance des concessions et permis d'occupation temporaire de dépendances du domaine public (Art. 14), ainsi que des autorisations spéciales de récolte, extraction ou usage de produits de ces mêmes dépendances (Art. 15) et des concessions du droit d'endiguage (Art. 16) ;

3° Au mode d'exercice des servitudes d'utilité publique grevant les fonds riverains de dépendances du domaine public (Art. 17) ;

4° Au mode d'utilisation des dépendances du domaine public et aux mesures de police nécessaires pour en assurer la protection.

Ces règlements peuvent prévoir, pour la répression des contraventions régulièrement constatées, des amendes de un franc à trois cents francs (1 fr. à 300 fr.), sans préjudice de la réparation due à raison du dommage causé et de la démolition d'office des ouvrages indûment établis sur le domaine public ou dans les zônes de servitudes.

Art. 74. — Sont abrogées toutes dispositions contraires des textes précédemment en vigueur et notamment le décret du 3 août 1887, autorisant l'aliénation des terrains situés autour des gares du chemin de fer de Dakar-Saint-Louis, celui du 23 octobre 1904, portant organisation du domaine en Afrique occidentale française, et celui du 1er avril 1906, déterminant les pouvoirs des autorités chargées de la représentation en justice des domaines de l'Etat et des Colonies en Afrique occidentale française.

Toutefois l'article 10 du second de ces textes demeure applicable, en ses deux derniers alinéas, aux acquisitions par des particuliers et aux occupations par l'administration de terrains formant la propriété collective des indigènes ou que les chefs indigènes détiennent comme représentants de collectivités indigènes.

Art. 75. — Le Ministre des Colonies est chargé...

Fait à Paris, le

RAPPORT EXPLICATIF

de l'Avant-projet de décret pour l'organisation du domaine dans les Colonies et Territoires relevant du Gouvernement général de l'Afrique occidentale française.

« Le domaine, ..., l'un des principaux nerfs de nostre Estat... »
(Préambule de l'Edit de Moulins de février 1566.)

L'importance du domaine, qui fut autrefois considérable en France, — alors surtout que l'on désignait par ce terme, en même temps que les biens réels relevant de la couronne (domaine corporel), les droits honorifiques ou pécuniaires que les rois, peu à peu dessaisis d'une partie de ces biens, avaient su se réserver (domaine incorporel), — a diminué dans des proportions telles que sa gestion ne constitue plus actuellement que la moindre part de la tâche dévolue à l'administration de l'enregistrement ; d'un côté, en effet, le domaine incorporel a complètement disparu, cédant la place aux contributions publiques (loi du 22 novembre-1er décembre 1790, art. 9 et 10) ; de l'autre, le domaine corporel lui-même, devenu aliénable avec le consentement de la nation et moyennant l'accomplissement de certaines formalités (même loi, art. 8), ne comprend plus guère autre chose, en dehors des dépendances du domaine public, que les bois et forêts et les immeubles affectés aux divers services publics.

Cependant la législation particulière à cette matière est au nombre des plus complexes qui soient et elle se trouve, en outre, disséminée en une série de textes élaborés à toutes les époques de notre histoire, avec, pour point de départ, les célèbres édits de Moulins de février 1566 et, pour principaux monuments, la loi de décembre 1790 et le Code civil.

D'ailleurs, l'abondance des textes n'a pas empêché que la doctrine et la jurisprudence aient eu encore à résoudre de très sérieuses difficultés, à combler d'importantes lacunes, signalées ou révélées par la pratique. C'est ainsi, par exemple, que, l'ordonnance de 1681 ayant été reconnue insuffisante pour la détermination de la limite du rivage en Méditerranée, la jurisprudence dut recourir à la loi romaine et chercher dans les *Institutes* de Justinien une solution rationnelle de la difficulté (Voir Maguéro, *Dictionnaire des domaines*, v° *Domaine public*, n° 18. — Coquet, *Le domaine public colonial*, p. 64). C'est ainsi encore, nous allons le voir dans un instant, que la distinction, tenue à l'heure actuelle pour fondamentale, entre le domaine public et le domaine privé est absolument étrangère non seulement à la législation de l'ancien régime, mais encore au Code de 1804 ; c'est la doctrine qui l'a formulée, imposée en quelque sorte, et, après elle, le législateur et les tribunaux l'ont peu à peu sanctionnée (Barckhausen, *Etude sur la théorie générale du domaine public*. Revue du droit public et de la science politique, nov.-déc., 1902 et janv.-fév. 1903).

Et cependant, malgré les critiques nombreuses qu'elle mérite incontestablement, la réglementation du domaine, en son état actuel, peut être tenue pour suffisante dans la métropole.

Il n'en va pas de même aux colonies. Non point que l'insuffisance des textes y soit plus marquée : à ce point de vue, au contraire, on pourrait soutenir, sans crainte d'être taxé d'exagération, que la législation coloniale présente sur la législation métropolitaine quelques avantages appréciables, notamment, — pour ne point sortir des limites des colonies relevant du Gouvernement général, — en ce qui concerne la réglementation du domaine public, laquelle trouve son expression dans des actes formels ; mais ce qui, aux colonies, en général, et dans l'étendue de nos immenses possessions de l'Ouest africain principalement, donne aux imperfections de la législation domaniale un caractère de gravité digne d'appeler l'attention, c'est l'importance même du domaine : dans ces régions, les terres vacantes et sans maître, dont notre droit civil confère la propriété à l'Etat, à côté des terres occupées par les indigènes, selon des modes de tenure sans analogie aucune avec ce qui constitue, chez nous, la propriété privée, couvrent la majeure partie du territoire soumis à notre domination et tous ces biens doivent être régis par l'administration au mieux des intérêts de la population aborigène et de la puissance colonisatrice. La question de la mise en valeur du sol, qui, dans la métropole, a cessé complètement ou à peu près de se poser (il reste peut-être encore quelques vestiges des terres vaines et vagues de Bretagne), constitue, au contraire, le point capital d'un programme de colonisation, tel qu'il se conçoit à notre époque.

Sans doute, tant que nos colonies se composaient uniquement des îles des Antilles et de la Réunion, des établissements de la Guyane et de l'Inde et des comptoirs du Sénégal et de la Côte de Guinée, la faible étendue des territoires annexés réduisait d'autant l'importance du domaine colonial, limité alors aux bâtiments et installations nécessaires à l'organisation de la défense ou aux services publics. Aussi, durant de longues années, le problème foncier, « si grave au double point de vue économique et social » (A. Girault, *Principes de colonisation,* tome II, n° 217), fut-il absolument négligé et il est intéressant de remarquer que, lorsque, pour la première fois, le parlement fut appelé à s'occuper du domaine colonial, aux sessions des années 1845 et 1846, la discussion s'engagea sur l'attribution de biens d'une nature toute spéciale, à savoir les noirs attachés aux propriétés domaniales, sans que personne songeât alors à s'enquérir du sort des terres vacantes et sans maître, considérées assurément, à l'époque, comme quantité négligeable. (V. Demartial, *La question du domaine aux colonies,* Revue politique et parlemantaire, juil. 1897, p. 111 et note 1). Cette question était tenue pour tout à fait secondaire ; c'est, d'ailleurs, pour ce motif que, dès le début du siècle dernier, alors que l'on installait, aux colonies, le service de l'enregistrement, on laissait à peu près complètement de côté tout ce qui, dans ses attributions ordinaires, ne se rattachait pas directement à son rôle de régie fiscale.

Du reste, on se souciait fort peu de tirer parti de cette fraction infime de la richesse nationale que constituaient les immeubles domaniaux situés aux pays d'outremer ; ce n'est qu'assez longtemps après, au cours de la deuxième moitié du XIXe siècle, que la question du domaine aux colonies parut mériter quelque attention : lorsqu'il fallut songer à préparer la colonisation de l'Algérie, une loi du 16 juin 1851 vint enfin jeter les bases de la constitution de la propriété et, accessoirement, du domaine.

La prise de possession de la Nouvelle-Calédonie marqua, à peu de temps de là, une orientation différente dans notre politique coloniale et, progressivement, l'on en vint à étudier les méthodes de colonisation applicables aussi bien dans les départements algériens, simple prolongement du territoire de la métropole, que dans les régions lointaines successivement acquises à la France, sous le second Empire et la troisième République.

Puis enfin, le problème se posa, avec toute son ampleur, lorsqu'on voulut, l'heure des conquêtes étant passée, mettre en valeur un empire colonial devenu considérable, comprenant d'immenses étendues de terres vierges ouvertes à l'activité et à l'initiative de nos colons de tous ordres. C'est alors que furent élaborés les textes organiques du domaine et de la propriété foncière, pour les colonies de la Nouvelle-Calédonie (1897), de Madagascar (1897-1898-1902-1904), de la Guyane (1898), du Congo (1899), du Sénégal (1900), de la Côte d'Ivoire (1900), du Dahomey (1900), de la Guinée Française (1901), des Iles Marquises (1902), etc.

Cette profusion d'actes se succédant les uns aux autres, à quelques mois, parfois à quelques jours d'intervalle, caractérise le changement considérable survenu dans la compréhension du rôle de puissance coloniale que la France venait d'assumer ; il faut bien dire, d'ailleurs, que les règles imposées par les conventions internationales, telles que l'obligation d'occuper effectivement les territoires annexés, n'étaient pas étrangères à ce progrès considérable et subit ; l'occupation, par elle-même, conduisait fatalement à l'exploitation des forêts vierges et des terres incultes et, fatalement aussi, la question du domaine, pour employer l'expression caractéristique d'un auteur, devenait, par suite des circonstances, « un des pivots de la question coloniale elle-même. » (Imbart de la Tour, *Le régime de la propriété dans les colonies françaises*, p. 10.)

Une semblable opinion se justifierait, — si elle avait besoin d'autres justifications que celles qui viennent d'être développées, — par des considérations touchant les procédés à employer et les règles d'ordre économique à observer en matière de colonisation.

Tout d'abord, il est aujourd'hui bien établi, par des expériences répétées, qu'une entreprise coloniale doit être, pour réussir, précédée d'un travail de préparation ; il ne suffit pas, suivant l'expression énergique de M. P. Leroy-Beaulieu, « de mettre des masses d'hommes en face de la nature brute et de les convier au travail » (*De la colonisation chez les peuples modernes*, 5ᵉ éd., tome II, p. 569) ; il faut faciliter la mise en contact de ces deux éléments, en assurant au colon l'accès matériel et l'accès légal à cette terre dont il doit tirer toute richesse : l'accès matériel, en créant les voies de communication, c'est-à-dire en établissant des ports, en améliorant la navigation des fleuves, en ouvrant des routes ; l'accès légal, en déterminant la part des terres qu'il convient de laisser aux naturels, — s'il s'en trouve qui les occupent, — et celle qui revient à l'Etat ; en délimitant, sur cette dernière, des lots susceptibles d'être concédés aux colons, — autochtones ou immigrés, — en fixant enfin les règles et les conditions de ces concessions (V. Leroy-Beaulieu, *Op. cit.*, p. 571 et suiv.).

« Au gouvernement qui entreprend de coloniser », enseigne M. Girault, « il faut avant tout des terres. Il lui en « faut dès le début, pour installer ses divers services et « pour exécuter les travaux préparatoires de la colonisa- « tion. Il lui en faut d'autres encore pour rétrocéder aux « colons à venir. » (*Op. cit.*, n° 218).

La constitution du domaine est donc l'une des conditions primordiales de succès lors de la fondation d'une colonie nouvelle.

D'autre part, c'est encore le domaine qui doit assurer, par les revenus qu'il est susceptible de fournir, l'existence d'une colonie naissante. On ne saurait songer, pratiquement, à établir dans un pays à peine ouvert à la civilisation, toute la variété de nos impôts européens : le problème, délicat, s'il s'agit d'une population composée entièrement d'émigrants, se complique singulièrement si l'on a affaire en même temps à une race indigène encore primitive ; aussi a-t-on pu dire que, surtout au début de son existence, une jeune colonie doit demander des ressources presque exclusivement aux droits à l'importation des marchandises et au produit de la vente des terres (V. Leroy-Beaulieu, *Op. cit.*, p. 627). Cette seconde nature de revenus tend nécessairement à devenir, avec le temps, de moins en moins productive ; toutefois, dans des régions telles que celles qui nous intéressent, l'étendue des terres vacantes permet d'envisager encore une suite considérable d'années au cours desquelles le prix à provenir des aliénations domaniales pourra constituer une source de recettes appréciable.

La réglementation du mode de gestion du domaine est donc d'un intérêt aussi considérable que sa constitution.

***

Ceci établi, dans quelles mesures l'administration coloniale a-t-elle pourvu à l'organisation du domaine dans l'étendue des colonies et territoires relevant du Gouvernement général de l'Afrique occidentale française et du Sénégal, principalement ?

Le bilan des actes tant législatifs que réglementaires élaborés en cette matière serait bien vite fait. Il ne nous paraît pas opportun, toutefois, pour l'instant, d'entrer dans de longs détails à ce sujet ; nous aurons, au cours de ce rapport, à revenir spécialement sur presque toutes les dispositions appliquées depuis notre installation à la Côte d'Afrique et, plus particulièrement, depuis la réintégration définitive de cette possession dans le domaine colonial de la France, à la Restauration. Il nous suffira, pour l'instant, de faire connaître que ce n'est que depuis les années 1900 et 1901 que des textes organiques ont posé les règles fondamentales déterminant la composition du domaine public et le régime applicable aux terres vacantes ; que ces deux séries d'actes ont été depuis peu refondues en un texte unique, le décret du 23 octobre 1904, lequel laisse encore, — ainsi qu'on le verra plus loin, — de nombreux points dans l'ombre ; que le domaine des diverses colonies ne fut jamais organisé d'une façon normale, l'ordonnance du 17 août 1825, qui, cependant, vise nommément le Sénégal, n'ayant jamais été promulguée dans la colonie ; qu'enfin les communes constituées, à différentes dates, au Sénégal, ne reçurent jamais de dotation immobilière ; que, en un mot, la question, malgré les tentatives louables faites depuis quelque six ans, attend en fait une solution indispensable, si l'on veut donner à notre empire ouest-africain la possibilité de se développer aussi complètement que doivent le permettre les efforts tentés et les sacrifices faits à cette intention.

Cette solution, nous la proposons sous la forme de l'avant-projet de décret ci-joint, où nous avons essayé de réunir toutes les dispositions utiles pour procurer une gestion profitable des biens et dépendances du domaine, ou mieux des divers domaines — à distinguer — de l'Etat, du Gouvernement général, des colonies et des communes. Mais, pour justifier nos propositions, il nous paraît utile d'exposer aussi clairement que possible l'origine, la portée et le but de chaque article de l'avant-projet.

Tel est l'objet du présent Rapport.

⁂

Préambule

La nomenclature des textes visés est fort longue, sans toutefois qu'il nous soit permis d'affirmer que nous n'avons point omis quelque acte ayant trait à la matière que nous nous proposons de réglementer ; mais il faut bien reconnaître que le domaine présente des points de rapport avec toute la législation d'un pays ; son assiette, sa conservation, sa gestion exigent l'action simultanée des autorités administratives et judiciaires et il est aisé de se rendre compte que chacun des textes, lois, ordonnances ou décrets, mentionnés au préambule du présent avant-projet devaient être étudiés préalablement à tout travail de rédaction.

Nous passons sur la référence à l'article 18 du sénatus-consulte de 1854.

Comme l'avant-projet prévoit l'attribution d'un domaine distinct au profit de chacun des organismes administratifs que sont le Gouvernement général, les colonies et les communes de l'Afrique occidentale française, il était essentiel de viser les actes qui leur confèrent, avec l'existence légale, la personnalité civile : pour le Gouvernement général, les décrets de 1904 ; pour les colonies, l'ordonnance de 1840, faite pour le Sénégal (avec rappel de l'institution du Conseil général), et les décrets qui en étendent l'application à nos colonies du sud, aux diverses étapes de leur existence ; pour les communes, les décrets de 1872 et 1891.

L'administration et la défense du domaine devant motiver parfois des recours aux juridictions de tous ordres, on ne pouvait omettre de se référer aux textes organiques des tribunaux civils et administratifs (décrets de 1881 et 1903).

Enfin il fallait rechercher tous les actes qui ont prononcé l'incorporation au domaine de biens, valeurs ou droits déterminés ou tracé les règles imposées pour leur conservation et leur utilisation dans l'intérêt de la masse des citoyens ; en première ligne, les articles du Code civil qui visent les biens non soumis à une appropriation individuelle; puis ceux qui prévoient l'établissement de servitudes d'intérêt public ; ceux encore qui attribuent à l'Etat les biens sans maître, les épaves et les successions en déshérence ; ceux enfin qui assurent la protection des dépendances du domaine contre les empiètements et la prescription, toutes dispositions qui sont applicables au Sénégal et, par voie de conséquence, dans toute l'étendue de l'Afrique occidentale française ; en second lieu, les textes qui ont spécialement organisé le domaine colonial, dans son ensemble (décret de 1904), ou certaines de ses parties, comme le domaine militaire (décret de 1901) ou maritime (décret de 1905) ou tous deux à la fois (décret de 1905 et loi de finances de la même année), les chemins de fer (loi de 1845), les lignes télégraphiques et téléphoniques (loi de 1885), les successions vacantes et en déshérence (édit de 1781 et décrets de 1855, 1861 et 1890), certaines catégories d'épaves (ordonnance de 1829, loi de 1791 et loi de 1903) ; plus loin, les actes qui posent les règles relatives à la constitution du domaine par contrats susceptibles d'être conservés (édit de 1776) ou par voie d'expropriation (décret de 1889) ; à son administration, en ce qui concerne les forêts (décrets de 1900 et de 1901) et les mines (décrets de 1899 et de 1905) ; à la conservation, au sens juridique du mot, des droits qui s'y rapportent (décret de 1900, 1906) ; enfin à la comptabilité de ses produits (décrets de 1882, 1887, 1904, 1907).

Malgré la multiplicité de ces textes, des lacunes existaient encore, que l'avant-projet doit combler, mais pour l'étude desquelles il était indispensable de prendre comme guides certains actes métropolitains non encore promulgués en Afrique occidentale : par exemple, les biens domaniaux affectés à la défense nationale semblaient devoir être confiés, à tous points de vue, aux autorités militaires ou maritimes, comme l'avaient prévu les lois de la Révolution de 1790 et 1791 ; d'autre part, il convenait de faire une répartition des biens du domaine dans le sens qu'avait indiqué le législateur de la Restauration, l'ordonnance de 1825 n'ayant pas été promulguée au Sénégal et n'ayant pu, par suite, y recevoir une application normale ; enfin il paraissait opportun, pour satisfaire, d'ailleurs, à certaines règles expressément formulées par le décret du 20 novembre 1882 (V. art. 193), d'étendre aux colonies du groupe l'application de divers actes qui, comme l'arrêté de l'an VI, fixent la compétence des agents préposés à l'aliénation des biens meubles du domaine ou, comme l'ordonnance de 1831, le décret de 1811, la loi de 1882, le décret de 1810, la loi de 1822, celles de 1896 et de 1895, statuent sur la dévolution de nombreuses sortes de biens vacants et épaves.

On verra, par la suite de la discussion des dispositions correspondantes du texte de l'avant-projet, quel rapport étroit existe entre les actes qui viennent d'être rapidement passés en revue et les propositions qu'il nous a paru nécessaire de faire pour présenter une œuvre complète et définitive, — au moins pour un long temps.

TITRE PREMIER

Chapitre premier

Article premier. — Cet article a pour unique objet de donner une définition du mot « domaine », appliqué à l'ensemble des biens détenus par les différentes personnes administratives entre lesquelles se répartit l'exercice des droits de puissance publique en Afrique occidentale française. Cette définition est d'autant plus nécessaire que, à raison précisément de la conception assez spéciale de l'organisation de ce groupement de colonies autonomes, il a fallu donner à certains mots un sens légèrement différent de celui qu'ils ont dans le langage administratif courant. Nous avons désigné les domaines *de l'Etat, du Gouvernement général, des colonies* et *des communes,* sous les noms respectifs de domaines *national, colonial, local* et *communal* ; on observera certainement que nous donnons, ce faisant, aux deux mots « colonial » et « local », précédemment tenus pour synonymes, lorsqu'ils étaient appliqués au domaine (Voir décret du 12 octobre 1882, créant une direction de l'Intérieur au Sénégal, art. 3, n° 5 et 10, Bull. admin. du Sénégal, année 1882, p. 294 ; Conf. A. Girault, *Op. cit.*, tome II, page 46 ; et E. Petit, *Organisation des colonies françaises,* tome I, pp. 219 et 220), un sens différent ; nous avons, il est vrai, songé à désigner le domaine du Gouvernement général sous le nom de domaine *gouvernemental* ; mais outre qu'il eût pu se produire une confusion entre le domaine *national* et le domaine *gouvernemental,* il nous a paru préférable d'adopter une terminologie déjà employée en Indo-Chine (V. Arrêté du Gouverneur général, du 15 janvier 1903, réorganisant le domaine en Indo-Chine, art. 24 et 31).

En ce qui concerne l'opposition que nous avons cru devoir faire ressortir entre le *domaine* des organismes administratifs visés et la *propriété* des groupements d'un autre ordre et des particuliers, elle est absolument consacrée par l'usage (Cf. notamment loi du 21 juin 1898, sur le Code rural, art. 77, 3e et 4e alinéas).

Art. 2. — L'article 2 fournit les bases de la solution d'une des grosses questions soulevées par l'organisation du domaine en Afrique occidentale. Convient-il de consacrer la pluralité des domaines ou, au contraire, de ne reconnaître l'existence que d'un seul : le « domaine », sans qualificatif, englobant la totalité des biens qui servent à la masse des habitants ? Quelque extraordinaire que cela puisse paraître, il faut bien avouer que c'est à peu près sous ce dernier aspect que se présente la situation actuelle.

Le domaine du Roi, au Sénégal, avait dû, en 1825, être remis partiellement à la colonie : ainsi l'avait décidé l'article 3 de l'ordonnance du 17 août de ladite année, *faisant remise aux colonies de la Guyane française, du Sénégal et des établissements de l'Inde de leurs revenus locaux pour leurs dépenses intérieures* ; mais, ainsi que nous l'avons déjà dit, jamais l'administration locale n'a promulgué cet acte ; toute controverse sur sa portée serait donc absolument superflue : on doit le tenir, en fait, pour inexistant. (V. jug. trib. Dakar, 3 avril 1906, *Recueil de législation, de doctrine et de jurisprudence coloniales,* 1907, III, 83. — Notons toutefois, en passant, que la discussion ouverte sur la valeur de la cession de 1825 s'est trouvée virtuellement close par l'arrêt du Conseil d'Etat du 24 juin 1898 [Aff. Concession Charvet], qui décide que « l'ordonnance de « 1825... n'a pas eu pour effet d'abandonner aux colonies « le sol domanial... » Bull. admin. du Sénégal, année 1898, p. 405. L. Jurquet, *Etude sur la question domaniale au Sénégal,* p. 7, note). D'un autre côté, le domaine de l'Etat n'a non plus jamais fait l'objet d'aucune cession au profit des colonies du sud. Enfin, dans un ordre d'idées analogue, les actes qui ont créé successivement les communes de Saint-Louis, Gorée, Dakar, Rufisque, et les communes mixtes de Louga, Thiès, Tivaouane, Conakry, ceux même qui ont institué ou réorganisé le Gouvernement général de l'Afrique occidentale française, n'ont pas davantage fait mention de l'attribution d'un droit quelconque sur les terres domaniales ; et si, à diverses reprises, des projets ont été élaborés, des actions judiciaires engagées, pour suppléer à l'absence de textes, aucune solution satisfaisante n'est jamais intervenue à cet égard. Aussi, les décrets de 1900 et 1901, sur le domaine public et les terres domaniales, le premier, en ne faisant état que d'une seule catégorie de dépendances du domaine public, les seconds, en reconnaissant à l'Etat un droit exclusif de propriété sur les terres domaniales vacantes ont-ils consacré purement et simplement un état de choses parfaitement établi.

Nous ne pourrions contester que, entre temps, des hésitations ne se soient parfois produites sur les conditions faites aux propriétés du domaine ; on a même tenté d'établir la reconnaisance implicite par les autorités tant métropolitaines que coloniales de l'existence d'un domaine local, voire de domâines communaux ; mais il est aisé de répondre aux arguments tirés des actes de l'administration demandant, par exemple, au Conseil général du Sénégal la cession de terrains nécessaires aux services de l'Etat (Ex. : Arrêté local du 11 mai 1882, n° 116. Bull. admin. du Sénégal, année 1882, p. 110) par le rappel de certains actes de disposition de terres domaniales consentis en dehors du Conseil général (Ex. : Décret de concession du 10 mai 1893, Bull. admin. du Sénégal, année 1893, p. 141). Au surplus, ces difficultés ne se sont élevées qu'après l'institution d'une assemblée élective au Sénégal ; mais, jusqu'en 1879, la gestion du domaine s'était poursuivie sans que l'on eût songé même à poser la question de propriété : c'est ainsi qu'un arrêté du Gouverneur Bouët, du 24 août 1843, réglant le mode de concession des terrains situés dans la partie nord-ouest de l'île de Saint-Louis, sans dire à qui appartenaient ces terrains, énonçait, d'une part, que la proposition de réglementation émanait du Chef du service administratif, considéré comme gardien du *domaine de l'Etat,* et prévoyait, d'autre part, en son article 4, le retour au *domaine colonial* des lots non remblayés dans le délai imposé aux concessionnaires ; c'est ainsi encore que, par deux actes du 25 mai 1866, « l'Ordonnateur faisant « fonctions de Directeur de l'Intérieur et agissant en cette « qualité comme représentant le domaine » tout court, vendait à deux particuliers des terres situées à Richard Toll, en stipulant, dans les actes mêmes, que *le Domaine se réservait* un chemin de halage et que *l'Etat conservait* la faculté d'établir, sur les terrains vendus, des ouvrages de défense ou d'utilité publique, d'ailleurs sans obligation d'indemnité.

Nous avons pensé qu'il convenait, avant toutes choses, de sortir de cette situation absolument fausse, à tous égards, et de réaliser, par un texte exprès, une équitable répartition du domaine entre les différentes personnes administratives en présence.

Dans une fort intéressante étude parue au *Recueil de législation, de doctrine et de jurisprudence coloniales* (1906, II, 49), sur *L'attribution du domaine dans les colonies françaises,* M. E. Coquet, après avoir exposé les diverses phases du conflit qui s'est débattu, dans presque toutes nos possessions, entre l'Etat et les colonies, au sujet de la dévolution des biens du domaine, propose la « *solution rationnelle* » suivante :

« En somme, deux catégories d'intérêts sont en pré-
« sence : l'intérêt général, représenté par l'Etat, l'intérêt
« local, représenté par la colonie. Il importe de ne pas
« sacrifier l'un à l'autre et de leur donner à tous les deux
« satisfaction. On ne peut donc conférer des droits exclu-
« sifs ni à la colonie, ni à l'Etat. La solution qui s'impose
« est *un partage du domaine* : une *division matérielle*,
« quand elle est possible, ou, sinon, une *division légale*
« des attributions. »

Un essai dans ce sens a été tenté déjà par l'administration indo-chinoise, dans l'arrêté cité plus haut du 15 janvier 1903 (*Recueil de législation, de doctrine et de jurisprudence coloniales*, 1903, I, 304) ; c'est dans le même esprit que nous avons projeté de régler, en Afrique occidentale, les droits respectifs, sur le domaine de l'Etat, du Gouvernement général, des colonies et des communes. Nous avons été, en effet, obligé d'élargir un peu le programme tracé par M. Coquet ; mais cette addition à la liste des personnes administratives attributaires d'un lot du partage n'exige aucune justification nouvelle : à des besoins différents, il faut des ressources distinctes, mais le principe ne change pas.

La question, du reste, ne peut soulever quelque objection, croyons-nous, qu'en ce qui concerne le domaine public. (Nous ne pouvons nous dispenser de tenir compte dès à présent d'une distinction qui ne sera exposée qu'à l'article 5, mais les expressions de *domaine public* et *domaine privé* sont suffisamment connues, à l'heure actuelle, pour que l'on nous fasse grief de les employer avant toute définition.) En effet, pour ce qui regarde le domaine privé, la nature de biens qui ne se trouvent affectés d'aucun caractère particulier ne saurait se modifier par cela seul qu'ils se trouvent détenus par une collectivité dotée de la personnalité civile plutôt que par un particulier ; ils peuvent donc, tout naturellement, être acquis par l'un quelconque des organismes jouissant d'une existence légale en Afrique occidentale française et il n'y a aucune difficulté à concevoir leur répartition parmi ces divers organismes. Il en va autrement lorsqu'on passe aux dépendances du domaine public ; car, sans aborder encore la question relative à la nature des droits exercés sur le domaine public, —

qui sera étudiée à l'occasion de l'article 3, — on peut se demander, au préalable, s'il est bien nécessaire de prévoir un partage de cette sorte de biens.

Nous n'hésitons pas à répondre par l'affirmative.

Sans doute, dirons-nous, avec M. Barckhausen (*Etude sur la théorie du domaine public,* Revue du droit public et de la science politique, 1902-1903, n° 92), « réunir « toutes les dépendances du domaine public dans un uni- « que patrimoine, celui de la Nation, est une conception « simple et séduisante en théorie. C'est le système que « paraissent avoir adopté, pour notre possession algé- « rienne, les auteurs de la loi du 16 juin 1851. Mais on « peut douter qu'il assure le développement harmonique « d'un grand Etat. Il semble avoir pour conséquence fatale, « non seulement la subordination, mais bien le sacrifice « des besoins locaux aux intérêts, réels ou apparents, du « pays tout entier. »

Et cela est encore bien plus vrai aux colonies. Comme l'a fort bien fait ressortir M. Coquet (*Op cit.*, p. 62), il n'est pas possible d'attribuer le domaine public, dans son intégralité, soit à la colonie, soit à l'Etat : c'est ce dernier qui choisit l'emplacement des forteresses, des points d'appui de la flotte ; à l'inverse, ce sont les colonies qui pourvoient à l'établissement des voies ferrées ; donc « le partage s'impose et « puisqu'il est clair que le domaine public comprend des « biens d'intérêt général ou national, d'autres d'intérêt lo- « cal ou colonial, c'est un partage en nature qui sera prati- « qué ».

« Il existe surtout, dit un peu plus loin le même auteur « (*Op. cit.*, p. 63), en faveur de la division du domaine pu- « blic un argument irréfutable. C'est qu'elle existe en France. « On y voit sur le même territoire, le domaine de l'Etat, ce- « lui du département, celui de la commune. Il n'y a donc pas « plus d'obstacle à la reconnaissance, dans les colonies, d'un « domaine public colonial, qu'à la constitution, dans la mé- « tropole, d'un domaine public départemental ou commu- « nal. Cette raison est d'autant plus décisive que l'individua- « lité de la colonie est encore plus marquée que celle du dé- « partement ou de la commune. Géographiquement, physi- « quement, chaque colonie a sa personnalité. Administrati- « vement, elle a, pour ainsi dire, son territoire à elle, sur « lequel la métropole, en principe, n'applique pas ses lois « et ne perçoit pas ses impôts. La possession coloniale, « écrit M. Hauriou, présente ceci de particulier que tout en

« étant dans l'Etat à de certains égards, à d'autres égards « elle est hors de l'Etat, puisqu'elle est hors de la métropole, « qui est le territoire propre de l'Etat. Il est à la foi utile « et légitime de diviser le domaine public entre la colonie et « l'Etat ».

Ceci posé, il devient facile de se rendre compte de la portée de l'article 2 : il a pour objet de permettre la constitution d'un domaine distinct de celui de l'Etat au profit de chacun des organismes dépendant de l'Etat, par les moyens suivants :

1° Par des attributions expresses inscrites dans la loi, c'est-à-dire dans le texte proposé, dans les actes antérieurs qu'il maintient en vigueur et dans ceux qui, plus tard, lui feront suite ;

2° Par des dotations dont l'objet sera prélevé sur le domaine soit de l'Etat, soit d'un des organismes subordonnés, notamment à l'occasion de la création de communes nouvelles ;

3° Par des acquisitions faites soit sous forme d'actes amiables, soit au moyen de la procédure d'expropriation, la faculté de recourir à cette dernière appartenant aussi bien au Gouvernement général et aux colonies, dans les pays d'outre-mer, qu'aux départements, dans la métropole (Décret du 15 février 1889).

Est-il nécessaire de faire observer que ce troisième alinéa autorise toutes sortes de cessions amiables, à titre gratuit comme à titre onéreux, en y comprenant les dons et legs qui pourraient être faits au profit des organismes administratifs de l'Afrique occidentale française, sauf l'observation des dispositions relatives à l'acceptation, insérées aux décrets organiques de 1872 et 1879, instituant les municipalités et créant le Conseil général ?

Art. 3. — Cette disposition a pour but de rendre la situation le plus claire et le plus nette possible : l'article 2 prévoit et permet la constitution d'un domaine propre à chaque organisme administratif ; l'article 3 détermine la nature des droits conférés sur les domaines ainsi constitués.

En effet, s'il n'existe pas de doute sur les rapports existant entre une collectivité et les biens qu'elle détient soit pour y puiser des ressources, soit pour y installer ses services, la question est beaucoup moins simple en ce qui concerne les choses affectées à l'utilité de la masse et de chacun des membres de cette collectivité, que l'on entend fréquemment taxer de *res nullius* ou de *res communes*. Deux opinions opposées, en faveur, l'une, du droit intégral de propriété confié à la collectivité attributaire, l'autre, du simple droit de souveraineté et de surintendance exercé par elle, sont soutenues par d'éminents jurisconsultes ; or, le législateur colonial a négligé, jusqu'à ce jour, de se rallier à l'une ou à l'autre : c'est ainsi que, dans les actes élaborés au cours des dix dernières années, on a pu voir que le domaine public fait l'objet d'une nomenclature unique, à peu près toujours identique, sans que les rédacteurs aient eu soin de trancher la question même d'attribution de ce domaine, et ce depuis le décret du 16 juillet 1897, pour Madagascar, jusqu'à celui du 23 octobre 1904, pour l'Afrique occidentale française.

Un tel procédé a incontestablement pour résultat de favoriser l'interprétation en faveur de la théorie négative du droit de propriété ; aussi le législateur indo-chinois s'est-il rallié franchement et résolument à cette théorie et l'on peut constater que, dans l'arrêté du 15 janvier 1902, le domaine public fait l'objet d'un titre à part, tout comme le domaine de l'Etat, le domaine colonial ou le domaine local et que, sur ce domaine, les différents services, sous la haute direction du Gouverneur général, n'exercent aucun droit de propriété : ils en assurent simplement « l'administration, la conservation et l'entretien ». (Art.8).

Nous n'avons pas cru devoir entrer dans cette voie ; nous n'entendons pas davantage laisser la question dans l'incertitude et nous nous sommes prononcé nettement en faveur de la possibilité de l'exercice du droit de propriété sur la généralité des choses ou, plus exactement, des biens rangés dans les dépendances du domaine. Quelques-uns de ces biens peuvent, il est vrai, se trouver grevés de certaines charges, affectés à une destination spéciale, mais ils n'en constituent pas moins des biens, au sens juridique du mot. Nous ne reprendrons pas toute la discussion que nécessite la justification d'une telle opinion ; qu'il nous suffise de dire qu'elle est conforme à la doctrine acceptée par la Direction générale des Domaines de France et soutenue victorieusement par elle devant les plus hautes juridictions métropolitaines.

« En résumé », lit-on dans un mémoire présenté au nom de l'Etat devant la Chambre civile de la Cour de cassation (Aff. Georgi, Arrêt du 11 août 1891), « l'Etat possède sur les « biens du domaine public un droit supérieur qui, pour être « différent du droit de propriété privée, n'en crée pas moins « à son profit le rapport de propriété ». (Instruction générale du 3 février 1892, n° 2809, paragr. 3, p. 79. Maguéro, *Dictionnaire des domaines*, v° *Domaine public*, n° 115 à 117.

— Cf. Hauriou, *Précis de droit administratif et de droit public*, 6e édit., p. 591 et suiv. — Barckhausen, *Op. cit.*, 74 à 78 et *passim*) (1).

Nous ajouterons que la solution de la question en ce sens se trouve presque imposée par la nécessité de mettre d'accord la législation domaniale avec celle qui régit la propriété foncière en Afrique occidentale française ; l'article 28 des décrets de 1900 et 1901, abrogés par celui du 24 juillet 1906, n'a pas été reproduit dans ce dernier texte et les dépendances du domaine public peuvent être immatriculées au nom de l'organisme administratif propriétaire, sauf mention de la cause d'indisponibilité qui les grève (Cf. Coquet, *Le domaine public colonial*, thèse, p. 171 et 172).

Art. 4. — Nous avons jugé utile de poser ici une règle qui, croyons-nous, ne se trouve formulée par aucun texte précis et a été observée jusqu'ici uniquement à raison de l'étendue des pouvoirs conférés aux diverses autorités établies par les actes organiques. Dans la pratique, l'administration coloniale a souvent eu recours au ministère des notaires, engageant ainsi, pour la réalisation de conventions dont il lui appartient de fixer les termes, des dépenses importantes.

Or, dans la métropole, l'usage des actes administratifs est obligatoire pour tous les contrats, aliénations et acquisitions, intéressant le domaine de l'Etat, des départements et des communes, et même, si un décret de 1807 a jadis recommandé aux hospices l'acte notarié, des instructions plus récentes leur recommandent au contraire, l'acte en la forme administrative. (V. Hauriou, *Op. cit.*, p. 492, note).

Nous avons du reste pensé qu'il convenait de déterminer exactement quelle serait la valeur des actes ainsi établis ; en effet, le caractère de l'acte administratif, dans la métropole, a été fixé uniquement par une jurisprudence basée sur la combinaison de textes législatifs très divers ; aussi l'on a pu décider, par exemple, que les actes passés au nom de l'Etat et des départements entraînent exécution parée, à la différence de ceux passés au nom des communes, qui, sur ce point, ne jouissent pas de la même force. (Circ. min. du 19 décembre 1840, rapp. par Hauriou *Op. et loc. cit.*). Un texte formel évitera toutes difficultés d'interprétation.

Nous ne croyons pas qu'il soit nécessaire de commenter

(1) Voir aussi F. Viel. Receveur de l'Enregistrement. — De l'emploi de l'action possessoire à l'occasion des dépendances du domaine public, thèse, 1907, *Conclusion*, p. 130.

longuement les deux derniers alinéas, pour en justifier l'insertion à l'article 4 ; le législateur de 1776, en instituant le Dépôt des chartes coloniales de Versailles, avait eu en vue de permettre, en cas de besoin, la reconstitution des titres et documents relatifs à l'état et à la fortune des Français résidant aux colonies ; l'Etat ne saurait avoir un moindre intérêt que les particuliers à ce que ses droits soient l'objet d'une sollicitude semblable, non plus que les colonies elles-mêmes ou les communes ; mais il y a plus : les contrats dont la conservation est ainsi proposée intéressent évidemment non point uniquement l'administration qui traite, mais encore les particuliers avec qui elle traite, et il semble logique que ces derniers puissent retrouver, avec la même sûreté, au dépôt des archives coloniales, la trace des accords conclus par eux devant le notaire ou devant l'administrateur, aux colonies. C'est d'ailleurs sous l'influence d'une préoccupation de même ordre, évidemment, que le rédacteur de l'édit de 1776 avait admis les particuliers à bénéficier, mais à titre facultatif seulement, de la garantie du dépôt en ce qui concerne les titres de concessions à eux délivrés (V. art. 15 de l'édit).

Chapitre II

Art. 5. — Nous énonçons tout d'abord la distinction fondamentale, aujourd'hui généralement admise, entre le domaine public et le domaine privé.

On a critiqué, — à bon droit, sans doute, — ces appellations peu susceptibles de satisfaire un étymologiste : d'une part, l'expression « domaine public », synonyme de domaine du peuple ou de la nation, s'accommode mal de l'adjonction d'un qualificatif tel que national, qui constitue une tautologie, ou colonial ou communal, qui en restreint la portée ; d'autre part, l'expression « domaine privé » n'est qu'un emprunt fâcheux de notre droit moderne au droit monarchique (Cf. Barckhausen, *Op. cit.*, n° 65). Et c'est évidemment le peu de conformité qui existe entre les termes consacrés et l'idée exprimée qui fait que les auteurs les plus estimés et le législateur lui-même continuent à employer parfois les mots de « domaine public » comme équivalant à « domaine national » ou même « colonial ». C'est ainsi que M. Leroy-Beaulieu (intentionnellement, cela est certain) ne désigne pas autrement les terres affectées à la colonisation (V. *Op. cit.*, tome II, pp. 590 et suiv.). C'est ainsi encore que le décret du 3 juillet 1904, intitulé *sur le do-*

maine public de l'Etat à Madagascar, traite uniquement des terres vacantes et du domaine privé de la colonie.

Quoi qu'il en soit, nous n'avons pas cru devoir innover sur ce point et nous avons conservé des termes dont, en somme, le sens exact, dans le langage juridique, ne peut guère être discuté.

Ce premier point réglé, nous avons fixé, par une double définition, la signification précise des deux expressions de « domaine public » et « domaine privé ». On pourra peut-être taxer une semblable tentative d'audacieuse, surtout si nous prétendons réussir là où d'autres n'ont obtenu qu'un résultat discutable. M. Coquet, dans son étude sur *Le domaine public colonial* (IIe partie, chapitre Ier), critique les définitions adoptées par le décret du 26 septembre 1902, sur le domaine public à Madagascar, et par l'arrêté du 15 janvier 1903, sur le domaine en Indo-Chine. Ces définitions sont les suivantes :

« Le domaine public (à Madagascar) comprend les cho-
« ses qui, par leur nature, ne sont pas susceptibles de pro-
« priété privée ou qui, par leur destination, sont affectées à
« l'usage de tous ou à un service public ».

« Le domaine public en Indo-Chine se compose de l'en-
« semble des choses qui ont pour destination d'être asser-
« vies à l'usage ou à la protection de tous et sur lesquelles la
« puissance publique exerce sa souveraineté ».

M. Coquet en examine avec soin les termes et en pèse la valeur au cours d'une discussion très serrée pour arriver à déterminer le critérium exact de la domanialité publique. Nous ne pouvons entrer dans de tels détails. D'ailleurs cet auteur n'est point seul à apprécier avec quelque sévérité les dispositions législatives dont s'agit : M. Girault exprime une opinion à peu près identique et, en quelques lignes d'une note de bas de page, résume complètement les objections faites à l'une et à l'autre :

« De cette définition (décret de Madagascar) il semble bien
« résulter que l'affectation d'une chose (même mobilière)
« à un simple service public (et non pas seulement à l'usage
« public) suffirait pour lui conférer le caractère de la doma-
« nialité publique. Cette définition n'a-t-elle pas dépassé la
« pensée du législateur ? Il est permis de le croire, si l'on
« compare la définition de l'article 1 avec l'énumération
« donnée par l'article 2 des biens qui font partie du domaine
« public ».

A propos de la seconde définition : « Il est difficile d'être

« à la fois plus vague et moins clair. La souveraineté de « l'Etat s'exerce même sur les propriétés particulières ». (*Op. cit.*, tome II, p. 51, note 1).

Il est vrai que, pour éviter à notre tour des reproches de même nature, nous aurions pu tourner la difficulté en ne formulant aucune définition et en nous en tenant à une simple énumération des dépendances du domaine public. Mais ce procédé lui-même n'allait pas sans présenter des inconvénients. La composition du domaine public n'est pas immuable ; s'il eût fallu, au début du siècle dernier, établir la nomenclature des catégories de biens à classer dans le domaine public, que de lacunes n'y relèverions-nous pas aujourd'hui ? Pouvait-on prévoir les réseaux de voies ferrées, les lignes télégraphiques et téléphoniques, etc., que tout le monde est d'accord, à l'heure actuelle, pour considérer comme dépendances du domaine public ? Et qui pourrait affirmer que les progrès de la science n'exigeront point, d'ici peu, la reconnaissance du même caractère à tel objet ou à telle portion de territoire devenus d'une utilité impérieuse pour la population, pour le public ? Il faut donc que le texte puisse s'adapter aux événements futurs, tout imprévus qu'ils soient encore, et pour cela l'adoption d'une définition est indispensable.

Au surplus nous pouvons profiter de l'excellent travail de M. Coquet qui, à la suite de la discussion à laquelle nous faisions allusion, il y a un instant, a fourni tous les éléments d'un critérium dont il nous paraît bien difficile de contester le mérite. D'après cet auteur, un bien quelconque, meuble ou immeuble, doit être tenu pour partie intégrante du domaine public, sous la triple condition :

« 1° Qu'il s'agisse d'un bien *d'utilité publique* (ou *sociale* « ou *collective*, ou toute autre formule analogue) ;

« 2° Que la *conservation en nature* de ce bien soit nécessaire, c'est-à-dire qu'il ne puisse être remplacé ;

« 3° Que l'*intervention de la puissance publique* soit nécessaire pour assurer cette conservation ».

Ce sont, on le voit, ces trois conditions que nous avons résumées dans la formule de l'article 4 : « Dans la première « division sont compris tous les biens dont le caractère d'u« tilité sociale (1re condition) exige, en vue de leur conserva« tion en nature (2e condition), l'intervention de la puis« sance publique (3e condition) ».

Aucun commentaire ne semble nécessaire en ce qui concerne la seconde partie de ce même alinéa.

§ 1er.

Ar. 6. — La distinction faite par l'article 6 entre le domaine public naturel et le domaine public artificiel est universellement admise. Le seul point sur lequel cette disposition pourrait appeler quelques explications réside dans la confirmation qui s'y rencontre de l'existence d'un domaine public mobilier.

Certains jurisconsultes, trop aveuglément attachés à la lettre de notre Code civil, enseignent que, seules, peuvent faire partie du domaine public des « portions du territoire » national et refusent, en conséquence, de faire bénéficier les objets mobiliers, de quelque utilité qu'ils puissent être pour le public, de la garantie conférée par la reconnaissance du caractère de domanialité publique.

Nous nous rallions, pour notre part, à la théorie contraire, très rationnelle, en somme, puisqu'il est permis de dire, avec M. le professeur Barckhausen, que « la conservation « d'une œuvre d'art ne mérite pas moins de sollicitude que « celle d'un fonds de terre ». (*Op. cit.*, n° 90) ; nous pouvons invoquer, au surplus, à l'appui de cette opinion, outre l'avis de nombreux auteurs (Cf. Hauriou, *Op. cit.*, p. 591), une jurisprudence déjà ancienne déclarant inaliénables et imprescriptibles les collections des musées, les livres et manuscrits des bibliothèques publiques, les archives des dépôts officiels.

C'est le souci d'assurer la conservation de cette dernière catégorie de biens meubles qui nous paraît exiger l'adoption de la théorie la plus large, en matière de classement dans le domaine public.

Art. 7. — Le premier alinéa de l'article 7 est moins une règle fixée pour la détermination du domaine public naturel qu'une définition et l'on ne saurait en contester l'exactitude. C'est en effet un principe constamment admis que l'existence du domaine public naturel est « indépendante de la volonté « humaine et, partant, des décrets de la puissance publique ». (R. de Récy, *Traité du domaine public*, n° 435). Mais il est bien évident que les variations constatées dans l'étendue des surfaces occupées par les eaux maritimes ou fluviales, à raison du mouvement alternatif des marées et du retour périodique des hautes eaux, peuvent, asesz fréquemment, faire naître une certaine incertitude au sujet des limites exactes du domaine public ; aussi tous les législateurs ont-ils prévu la possibilité de la détermination conventionnelle de ces limites et cela, par un acte de l'autorité administrative. Tel était l'objet des articles 5 des décrets de 1900 et 1901, sur le domaine public, dans les quatre colonies du groupe, du décret du 23 octobre 1904, réorganisant le domaine en Afrique occidentale française, 7 du décret du 26 septembre 1902, pour Madagascar, et 10 de l'arrêté local indo-chinois du 15 janvier 1903, sur le même objet.

Nous sommes entré dans la même voie, en complétant notre article 7 par la disposition qui fait l'objet du dernier alinéa. Toutefois, nous avons apporté au modèle choisi (art.6 du décret du 23 octobre 1904) une modification que nous croyons pouvoir très légitimement qualifier d'amélioration : à la formule du législateur de 1904, nous avons ajouté le membre de phrase : « après enquête contradictoire, s'il y a « lieu ».

Dans la métropole, la délimitation n'est point contradictoire et la jurisprudence a dû, pour la sauvegarde des droits des tiers, admettre la possibilité d'un double recours de la part des riverains qui se prétendent lésés, devant le Conseil d'Etat, d'une part, en annulation de l'acte administratif, pour excès de pouvoir, et devant les tribunaux civils, d'autre part, en indemnité pour atteinte portée à la propriété. Cette règle ne va pas sans présenter quelques inconvénients, celui notamment de laisser une action en indemnité ouverte pendant un laps de trente ans et encore celui de faire du Conseil d'Etat, — ainsi que le constate M. Barckhausen, (*Op. cit.*, n° 10), — le défenseur effectif de la propriété immobilière et de permettre aux tribunaux civils de déclarer l'Etat débiteur ; aussi le même auteur propose-t-il de remédier à une situation due uniquement à l'insuffisance des règles tracées pour la préparation des délimitations administratives par l'octroi de garanties plus complètes aux intérêts en cause : « Toute délimitation », dit-il, « devrait être précédée d'une « enquête, avec convocation des parties intéressées. Un re- « cours, sans frais onéreux, devrait être admis devant les « Conseils de préfecture ou directement devant le Conseil « d'Etat. Dans le cas où la difficulté porterait sur des ques- « tions civiles, telles que l'application du titre de propriété, « il y aurait lieu à renvoi devant les tribunaux judiciaires, « qui trancheraient préjudiciellement le point litigieux. Tou- « tes les compétences seraient respectées ainsi et l'on arri- « verait à une solution garantissant tous les droits. Dûment « prévenus et entendus, s'ils le demandent, les riverains du

« domaine public n'auraient pas à se plaindre ». (*Op. cit.*, n° 102).

Art. 8. — Il est à remarquer que lorsque les eaux de la mer ou d'un fleuve submergent ou anéantissent une parcelle de propriété privée, elles incorporent, en fait, ainsi que cela a été dit à l'article précédent, l'emplacement occupé dans le domaine public naturel, sans que l'autorité ait à répondre d'un dommage dont elle ne saurait assumer la responsabilité et sans même qu'il lui soit possible de donner aux particuliers lésés une compensation. C'est ce que confirme le premier alinéa de notre article 8. (Cf. Hauriou, *Op. cit.*, p. 612).

Mais il peut se faire que l'événement ait pour cause (en matière de domaine public fluvial, exclusivement) un simple déplacement du lit d'un cours d'eau : un terrain nouveau est incorporé au domaine public et un terrain, de superficie à peu près égale, vraisemblablement, devient susceptible d'appropriation ; une compensation est dès lors possible, au profit du propriétaire évincé.

Cette situation a été réglée, en France, sur des bases nouvelles, par les articles 5 et 37 de la loi du 8 avril 1898, sur le régime des eaux, qui règlent les droits respectifs des propriétaires d'un fonds submergé, en tenant compte de la distinction faite par la loi métropolitaine entre les cours d'eau navigables ou flottables et ceux qui ne le sont pas. La législation coloniale ayant, presque toujours et partout, admis la domanialité publique de tous les cours d'eau (et nous nous sommes conformé, on le verra plus loin, à la tradition), une solution unique devait être adoptée, celle qui s'applique aux cours d'eau du domaine public et qui se trouve exprimée à l'article 37 de la loi susvisée, donnant une nouvelle version de l'article 563 du Code civil.

Il va sans dire que les attributions conférées au préfet du département par ce dernier texte seront exercées, le cas échéant, par le gouverneur de la colonie.

Art. 9. — L'article 9 reprend en partie les dispositions des articles insérés sous le même numéro aux décrets de 1900 et 1901, d'une part, et à celui du 23 octobre 1904, d'autre part.

Il ne fait d'ailleurs qu'affirmer un principe fondamental du droit, à savoir celui de la non-rétroactivité des lois. Le domaine public n'a été légalement constitué, dans les diverses colonies relevant du Gouvernement général, que par les décrets de 1900 et 1901 ; il faut donc bien admettre que les droits légitimement exercés, avant l'application des règles d'inaliénabilité et d'imprescriptibilité aux dépendances classées du domaine public, doivent être scrupuleusement respectés. Est-il nécessaire de rappeler que l'observation du même principe veut que, dans la métropole même, l'on tienne pour valables les droits acquis par les particuliers sur le domaine public avant l'édit de Moulins de 1566 ?

Nous modifions cependant, sur quelques points, la rédaction adoptée par le législateur de 1900 et 1904.

Tout d'abord, nous supprimons la proposition « si l'in« térêt public venait à l'exiger » et nous la remplaçons par un alinéa laissant à l'administration l'initiative de la dépossession. En effet, nous estimons l'ancienne formule défectueuse : le classement d'un bien dans le domaine public a pour cause évidente l'utilité ou l' « intérêt public » ; il n'y a donc aucun doute possible sur l'intérêt qu'a le public à ce que l'occupant à titre privé cède la place dans le plus bref délai ; mais d'autres considérations, d'ordre financier, principalement, peuvent s'opposer à ce que satisfaction immédiate soit donnée à l' « intérêt public » ; il nous a donc paru convenable de spécifier que c'est à l'administration qu'appartiendra l'initiative de la dépossession, sans avoir du reste à justifier son action par un motif quelconque autre que le classement légal.

D'autre part, les décrets de 1900 et 1901, calqués sur celui du 8 février 1899, réglant la même matière au Congo, ont prévu une procédure spéciale, très simple et très expéditive, pour parvenir à la reprise des parcelles de propriétés privées incorporées au domaine public. Or, s'il était permis au législateur colonial d'agir de la sorte pour le Congo, où, à notre connaissance, du moins, aucun texte n'a réglé la procédure d'expropriation pour cause d'utilité publique et où, en fait, il avait à statuer sur une matière absolument neuve, la situation est assez différente en Afrique occidentale française, puisqu'il existe un décret, celui du 15 février 1889, qui organise la procédure d'expropriation pour cause d'utilité publique au Sénégal, et que ce texte doit recevoir son application dans les colonies du sud, en vertu de l'article 23 du décret du 11 mai 1892, visé au préambule du présent avant-projet.

Que la procédure instituée par le décret de 1889 — et qui n'est qu'une adaptation de celle qui est suivie en France depuis 1841 — soit peu en rapport avec les nécessités du service colonial, nous n'y contredisons pas ; tenue par de bons esprits pour défectueuse dans la métropole, cette procédure, longue et compliquée, l'est assurément bien davantage aux colonies ; mais nous estimons que, tant qu'elle est maintenue en vigueur, elle doit recevoir son exécution stricte et que, quel que soit le motif d'utilité publique invoqué à l'appui d'une demande d'expropriation, il convient de se soumettre aux obligations qu'elle impose. Une seule modification de détail nous a paru devoir être apportée à la série des opérations prévues, c'est la suppression de l'arrêté du gouverneur déclarant l'utilité publique des travaux à entreprendre, puisque, d'une part, l'utilité publique résulte du classement par décret et que, d'autre part, il n'existe pas nécessairement de travaux à exécuter.

D'ailleurs la rédaction de l'alinéa final de l'article 9 est telle que, en cas de modification de la législation coloniale en matière d'expropriation pour cause d'utilité publique, le nouveau texte deviendra de suite applicable aux cas visés par cette disposition.

Art. 10. — L'article 10, à son tour, ne fait que consacrer les principes universellement adoptés en droit administratif, à savoir que à la différence des parcelles classées dans le domaine public naturel, soumises à un régime d'exception, quel qu'en soit le détenteur lors de l'incorporation, les dépendances du domaine public artificiel ne prennent cette qualité que de l'instant où l'objet ou l'immeuble, préalablement acquis par une personne administrative, a été approprié à la destination prévue et régulièrement classé (R. de Récy, *Op. cit.*, n° 445).

On pourrait peut-être objecter que la dernière condition, le classement, n'est pas considéré comme indispensable pour conférer à certaines dépendances du domaine public artificiel, — une route, par exemple, ou un chemin de fer, — une qualité qui résulte de leur appropriation même et de leur mise en service ; que le classement n'a lieu, *en réalité*, qu'à l'égard du domaine public militaire (R. de Récy, *Op. cit.*, n° 525 à 538).

Il nous a paru préférable de l'exiger dans tous les cas ; à cela nous voyons une double utilité :

1° La protection toute spéciale accordée par la loi aux dépendances du domaine public ne saurait s'étendre au delà des limites qui leur sont assignées ; or nous avons prévu que l'acte prononçant le classement déterminerait les limites ;

2° Les propriétés riveraines du domaine public se trouvent, ainsi qu'on va le voir, frappées de certaines servitudes d'utilité publique ; il est donc indispensable de connaître quelles sont les parcelles domaniales jouissant de ces prérogatives exorbitantes. (Cf. R. de Récy, *Op. cit.*, n° 537).

La règle posée au dernier alinéa de l'article 10 est également admise sans discussion par la doctrine (V. R. de Récy, *Op. cit.*, n °447; Maguéro, *Op. cit.*, v° *Domaine public*, n° 13).

Disons en terminant que la déclaration de classement, en ce qui concerne les objets mobiliers compris dans le domaine public, résulte suffisamment de la disposition générale désignant le lieu de dépôt de ces objets, sans qu'il soit nécessaire de produire un acte particulier pour chaque article du catalogue.

Art. 11. — Cette disposition doit être rapprochée des articles 8 du décret du 8 février 1899 (Congo), 7 des décrets des 20 juillet 1900 et 24 mars 1901 (Sénégal et Guinée), 8 des décrets des 20 juillet et 5 août 1900 (Côte-d'Ivoire et Dahomey), 9 du décret du 26 septembre 1902 (Madagascar), et 7 du décret du 23 octobre 1904 (Afrique occidentale française), si l'on veut en saisir la portée exacte.

La rédaction nouvelle se distingue d'abord de tous ces textes, sans exception, par cette restriction capitale qu'elle ne s'applique qu'aux dépendances du domaine public artificiel, à l'exclusion de celles du domaine public naturel ; pour ces dernières, en effet, l'homme, qui ne les a point créées, ne peut les méconnaître : il n'est donc pas loisible au législateur de prévoir ni de prononcer leur déclassement, en dehors des cas où des travaux spécialement exécutés dans ce but, et dont il sera parlé à l'article 16 ci-après, auront modifié les limites des espaces envahis par les eaux.

En outre, le législateur colonial a cru devoir, dans tous les actes énumérés plus haut, après avoir lui-même déterminé la consistance du domaine public, donner pouvoir à l'autorité locale pour réduire la portée du texte fondamental par des déclassements facultatifs ; pour plus de garantie, les actes les plus récents (ceux de 1902 et de 1904) ont exigé l'approbation des mesures prises par le pouvoir central. Nous n'avons pas pu nous conformer à ces précédents. En effet, dans un sens, il semble excessif d'admettre que tous les terrains déclassés doivent entrer ou rentrer dans le domaine de l'Etat, alors cependant que certains d'entre eux auraient pu être acquis sur les fonds des budgets locaux. (Il faut reconnaître que cette considération d'origine n'a jamais paru solliciter l'attention du département : on cite telle dépêche ministérielle [du 28 août 1875] qui prescrit qu'un terrain domanial qui cesse d'être affecté à un service militaire revient de droit au domaine colonial [Coquet, *L'attribution du domaine dans les colonies,* p. 53].). Dans un autre sens, il n'est pas admissible que l'autorité locale prononce elle-même le déclassement de toutes dépendances reconnues sans utilité ; le correctif apporté par la disposition additionnelle des décrets de 1902 et 1904, relative à l'approbation ministérielle, est lui-même insuffisant ou surabondant : à notre avis, la véritable solution consiste dans l'adoption de la règle en vigueur dans la métropole et dont l'article 11 de l'arrêté local de l'Indo-Chine avait, dans une mesure restreinte, fait une première application : le déclassement a lieu dans la même forme et est prononcé par la même autorité que le classement (Maguéro, *Op. cit.,* v° *Domaine public,* n° 141). Tel est l'objet du dernier alinéa de notre article.

Enfin il nous a paru tout à fait inutile de reproduire la disposition qui termine l'article 7 des décrets de 1900, 1901 (Sénégal et Guinée) et 1904 (Afrique occidentale française): la cession gratuite aux occupants de bonne foi des terrains classés au titre des lettres *a* et *b* de l'article 1er (rivage de la mer et zône des pas géométriques ; lit des cours d'eau navigables et zône de passage sur leurs bords) ne saurait être prévue dans notre système, puisque, d'une part, nous allons proposer, dans un instant, la suppression des deux zônes réservées par les textes précités et que, d'autre part, nous n'admettons point la possibilité du déclassement des dépendances du domaine public naturel. Les occupations non légitimées par des titres de propriété définitifs, mais conformes néanmoins aux règles de la coutume indigène doivent être, dans la pratique, tolérées par l'administration, selon l'esprit de l'article 9, c'est-à-dire, si elles ont commencé antérieurement au classement, jusqu'au jour où la libération du domaine public devient nécessaire sans cependant pouvoir *jamais être converties en droit de propriété absolue.*

Art. 12. — C'est l'expression pure et simple du principe capital de l'inaliénabilité et de l'imprescriptibilité du domaine public. La formule ordinaire a dû être quelque peu modifiée, la règle de l'imprescriptibilité n'ayant plus à protéger que les biens meubles et les immeubles non soumis au nouveau régime foncier, puisque, sous l'empire du décret du 24 juillet 1906, la prescription a perdu toute valeur comme mode d'acquisition ou de libération de droits réels, en ce qui touche les fonds immatriculés (Art. 57 dudit décret).

Nous rappellerons toutefois, à cette occasion, que, par

application des prescriptions contenues en l'article 106 du texte qui vient d'être cité, l'inaliénabilité qui atteint les dépendances du domaine public doit être, lorsque l'immatriculation en est requise, mentionnée au livre foncier.

Art. 13. — L'article 13 solutionne deux questions se rattachant d'assez près à celle de l'inaliénabilité du domaine public :

1° Y a-t-il aliénation interdite en cas de transmission de dépendances du domaine public entre deux personnes administratives, par exemple lorsque l'Etat abandonne aux colonies telle ou telle catégorie de cours d'eau ou de voies de communication, ou lorsque une colonie, à son tour, cède à une commune un réseau de canalisation d'eau potable ?

A cette première question nous répondons négativement. M. Coquet, qui est partisan, comme on l'a vu, d'une répartition équitable du domaine entre les divers organismes administratifs, expose très simplement la même opinion :

« Remarquons d'abord qu'on ne peut opposer à la colonie « le principe de l'inaliénabilité du domaine public. Cette « inaliénabilité a pour fondement la nécessité d'assurer la « conservation du domaine au mieux de sa destination d'u- « sage public ou d'utilité générale et d'en empêcher l'appro- « priation privée au détriment de l'intérêt de tous. C'est « aux particuliers qu'elle est opposable. Une colonie peut « remplir cette mission aussi bien que l'Etat ; la règle d'ina- « liénabilité n'a aucune raison d'être vis-à-vis d'elle ». (E. Coquet, *L'attribution du domaine dans les colonies*, p. 63).

C'est la même conclusion que nous avons adoptée.

2° Une personne administrative peut-elle provoquer le dessaisissement soit volontaire, soit forcé, d'une autre personne administrative, en vue de la création d'ouvrages d'utilité publique ?

Cette deuxième question donne lieu à une distinction.

S'il y a accord sur la cession projetée, la difficulté n'est pas grande : « il s'agit », dirons-nous avec M. Hauriou (*Op. cit.*, 2e éd., n° 364), « d'une affaire qui se traite entre per- « sonnes administratives : c'est l'Etat qui a besoin de faire « passer un chemin de fer sur une place communale ; c'est « au contraire une commune qui aurait besoin de bâtir sur « une voie publique appartenant à l'Etat, etc... Dans ces « différents cas, il suffit d'obtenir la désaffectation du ter- « rain » (le déclassement répondrait mieux à la terminologie que nous avons adoptée) « et de procéder à l'amiable à des « cessions ou à des échanges ».

Mais l'accord peut être parfois difficile ; il peut y avoir conflit entre deux utilités publiques et il est assurément malaisé de décider, dans la majeure partie des cas, quelle est celle qui l'emporte. Conviendrait-il donc de résoudre le problème en recourant à la procédure d'expropriation pour cause d'utilité publique ? On ne saurait y songer, car le bien à exproprier a déjà reçu une affectation déterminée à laquelle on ne peut porter atteinte sans nuire à l'intérêt général que précisément l'on entend servir. Aussi les auteurs sont-ils d'accord pour proclamer que, en principe, le domaine public ne peut être exproprié (Cf. Hauriou, *Op. cit.*, 6e éd., p. 583 ; R. de Récy; *Op. cit.*. n° 562). Mais la jurisprudence, après avoir, au début, consacré l'exactitude de cette règle, a peu à peu abandonné sa première opinion et rendu, par la suite, les décisions les plus contradictoires, allant parfois jusqu'à confondre les divers domaines publics reconnus par le législateur (Cf. Barckhausen, *Op. cit.*. n° 79 et 90).

Nous avons pensé qu'il convenait d'éviter toute discussion de même nature en déterminant expressément les cas dans lesquels l'expropriation des dépendances du domaine public peuvent être autorisées et nous proposons de limiter ce droit aux portions du domaine public naturel à faire passer dans le domaine public artificiel.

Dans toutes les autres hypothèses, la cession tenue pour nécessaire ne pourra cependant avoir lieu que par voie d'accord amiable ; de la sorte, si cet accord se réalise, les biens dont la destination d'utilité publique se trouvera modifiée devront être remplacés dans le domaine public de la personne administrative cédante ; si au contraire l'entente ne peut se produire, ce sont les plans des travaux projetés qui seront modifiés selon les circonstances. Il ne nous paraît pas possible, en effet, d'établir un mode acceptable d'appréciation du degré d'utilité comparative des deux affectations proposées pour une même parcelle de territoire, alors même qu'il s'agirait des intérêts de la défense militaire : seul, le législateur pourrait, en pareil cas, à notre sens, se prononcer utilement (Cf. Hauriou, *Op. cit.*. 2e éd., n° 364).

Art. 14. — La règle de l'inaliénabilité n'est opposable, avons-nous dit, à propos de l'article 13, qu'aux particuliers. Ceux-ci ne peuvent donc, tant que subsiste la destination d'utilité publique, devenir propriétaires de dépendances du domaine public ; mais il ne s'ensuit pas que l'on ne puisse parfois leur conférer, temporairement tout au moins, certains droits de jouissance sur une partie plus ou moins importante d'un bien classé. On ne saurait voir là une dérogation préjudiciable à l'intérêt général. Il faut admettre au contraire, que cet intérêt général exige que l'on tire de ce qui constitue le patrimoine de la collectivité, des dépendances du domaine public comme de tout le reste, le plus d'utilité possible. « L'inaliénabilité n'est pas un principe intangible, qu'il « faille appliquer sans réserve,— en bloc.— Respectable tant « qu'il sert au développement des hommes, il cesse de l'être « dès qu'il l'entrave ». (Barckhausen, *Op. cit.*, n° 83).

Nous avons distingué deux sortes de cessions possibles du droit de jouissance temporaire de portions du domaine public.

La première a pour but de permettre à l'administration de confier à un particulier le soin de pourvoir à la mise en état et à l'entretien d'une dépendance du domaine public artificiel, moyennant l'abandon total ou partiel des revenus à en provenir, pendant un temps déterminé. En pareil cas, le but que l'on se propose principalement est, sans nul doute, de satisfaire à un besoin social ; il est donc équitable de proportionner les avantages faits au concessionnaire aux charges qui lui sont imposées ; son intervention, en somme, a pour résultat non de réduire les droits du public, mais, au contraire, d'en assurer l'entier exercice. Pour la même raison, les cessions de cette nature peuvent être accordées pour un assez long terme.

La seconde sorte de cessions de droits est essentiellement différente : elle tend à permettre à des particuliers d'utiliser à leur profit exclusif des portions généralement restreintes du domaine public, sans porter d'entraves sérieuses à leur destination principale, mais, au contraire, en en tirant le maximum d'utilité dont elles sont susceptibles. A la différence donc de ce que nous avons admis pour les cessions de la première catégorie, ces dernières doivent être très strictement limitées et comme étendue et comme durée et elles comportent nécessairement stipulation d'une redevance représentative de l'indemnité due par les bénéficiaires à la collectivité pour le préjudice causé, si faible qu'il puisse être.

Nous avons pensé qu'il convenait de prévoir, en les rapprochant, dans une disposition unique, ces deux catégories de concessions intéressant le domaine public, bien que les textes antérieurs se soient généralement abstenus de légiférer sur la première d'entre elles et aient, au contraire, statué avec plus ou moins de précision et de détails sur la seconde

(Décret du 23 octobre 1904, art. 6 ; Arrêté indo-chinois, du 15 janvier 1903, art. 13 et suiv.).

On verra, d'ailleurs, que l'article 73 de l'avant-projet prévoit la fixation, au moyen de règlements généraux, des prescriptions relatives à la mise en application de l'article 14.

Art. 15. — L'article 15 ne nécessiterait que peu d'explications : on comprend, en effet, sans peine que l'intérêt général ne se trouve nullement lésé par ce fait que l'administration chargée de la conservation du domaine public trouve des ressources spéciales dans la vente des produits accessoires de ce domaine, sans nuire en rien, d'ailleurs, à sa destination d'utilité publique.

Mais nous proposons la modification radicale d'une règle depuis longtemps admise par la législation coloniale ; nous assimilons à tous égards, — et cela se verra encore avec beaucoup plus d'évidence, lors de l'étude des articles 39 et 47 de l'avant-projet, — les concessions de prise d'eau aux permissions d'extraction de matériaux, en sorte qu'il appartiendra, si nos propositions paraissent fondées, à l'autorité administrative et non plus au tribunal administratif d'octroyer les concessions de l'espèce.

Rappelons que, aux termes de l'article 113 de l'ordonnance du 7 septembre 1840 (conforme, d'ailleurs, sur ce point, aux actes organiques des vieilles colonies), « le Con-« seil d'administration connaît, comme Conseil du conten-« tieux administratif :

« 6° Des demandes concernant les concessions de prises « d'eau et de saignées à faire aux rivières, pour l'établisse-« ment des usines, l'irrigation des terres et tous autres usa-« ges ; la collocation des terres dans la distribution des eaux, « la quantité d'eau appartenant à chaque terre, la manière « de jouir de ces eaux ; les servitudes et placements de tra-« vaux ; l'interprétation des titres de concession, s'il y a lieu, « laissant aux tribunaux à statuer sur toute autre contestation « qui peut s'élever relativement à l'exercice des droits con-« cédés et à la jouissance des eaux appartenant à des parti-« culiers ».

Si l'on rapproche, — comme leur ordre d'inscription y invite, — les numéros 5e et 6e de l'énumération de l'article 113, on constate que le Conseil du contentieux n'intervient, en matière de concession de terres, que le jour où une question litigieuse s'élève, où une *demande* est formulée par une partie à l'encontre de l'autre et l'on est dès lors en droit de supposer que ce mot *demande*, employé encore à l'alinéa suivant, y conserve le même sens, la même valeur, qu'il prévoit les litiges, les contestations possibles, « *concernant les concessions* de prises d'eau. »

Il est à remarquer, en effet, que l'on fait peu de cas généralement de cette formule *demandes concernant les concessions* et M. A. Girault écrit : « D'après le paragraphe 6ᵉ de « l'article 176 (ordonnance des Antilles), c'est le Conseil du « contentieux qui statue sur les *demandes en concession* de « prises d'eau et les questions de répartition... » (*Op. cit.*, n° 111). Nous serions donc tenté de croire que les législateurs de la Restauration et de la Monarchie de juillet ont voulu dire tout autre chose que ce que l'on a compris : pour nous, ils ont entendu soumettre à la juridiction contentieuse administrative uniquement les contestations relatives à l'exercice des droits conférés par les actes de concession de prises d'eau ; nous concevons malaisément qu'un tribunal ait pu recevoir mission de donner suite à des requêtes qui ne reposent sur aucun droit préexistant.

Quoi qu'il en soit, non seulement il est à peu près avéré que l'on a toujours interprété l'article 113 dans un sens différent de celui que nous lui donnons, mais, bien mieux, le décret du 5 août 1881, tout en reprenant les termes de l'ordonnance de 1840 : *demandes concernant les concessions* de prises d'eau, établit une procédure qui tend évidemment à solutionner les *demandes en concession* de prises d'eau (Art. 105). Aussi la doctrine a-t-elle dû faire, pour le seul paragraphe 6ᵉ de l'article 113 (ou 176 de l'ordonnance de 1828), une catégorie spéciale des « Affaires administratives instruites et décidées en la forme contentieuse » (Voir G. Pillias, *Traité de la juridiction contentieuse administrative aux colonies*, p. 98).

Les Instructions ministérielles du 28 octobre 1881 justifient l'insertion de cette disposition par des motifs qu'il est intéressant de connaître :

« Les cours d'eau, aux colonies, font partie du domaine « public, pour des motifs d'intérêt général que je n'ai pas « besoin de vous rappeler.

« Ils ne peuvent donc donner lieu, au profit des particu- « liers, qu'à des concessions essentiellement précaires et « révocables.

« Or, toute concession sur le domaine public rentre, par « sa nature, dans le pouvoir discrétionnaire de l'administra- « tion.

« C'est par une dérogation spéciale à ce principe que l'or-
« donnance de 1828 réservait au Conseil du contentieux le
« droit d'examiner les demandes de concessions de prises
« d'eau au même titre et suivant les mêmes formes que les
« autres affaires contentieuses.

« Les habitants des colonies considèrent aujourd'hui ce
« droit comme une prérogative précédente à laquelle il serait
« fâcheux de porter atteinte.

« Cette compétence peut avoir une origine historique ;
« dans tous les cas, elle paraît sauvegarder, dans les colonies,
« non pas les droits des parties en cause, car des droits elles
« ne sauraient en avoir, mais leurs intérêts si gravement mis
« en jeu dans ces demandes en concession de prises d'eau.
« Le débat contradictoire, le recours devant le Conseil d'Etat
« sont autant de garanties mises entre les mains des par-
« ties ».

Tout ceci n'a rien de bien convaincant et l'on est obligé de donner raison à M. le Professeur A. Girault, lorsqu'il déclare que cette particularité de la législation coloniale constitue une « précaution — théoriquement excessive — contre l'arbitraire » (*Op. cit.*, n° 111 *b.*).Aussi avons-nous cru pouvoir proposer l'abrogation implicite de l'article 105 du décret du 5 août 1881, pour les colonies de l'Afrique occidentale française, par la restitution à l'autorité administrative d'une attribution qui lui revient en bonne logique.

Il n'est, au surplus, pas inutile de faire ressortir que les garanties contre l'arbitraire de l'administration (si tant est qu'une semblable éventualité soit à redouter) ne seraient pas diminuées : aucune concession de cette nature ne pourrait être accordée sans enquête et les recours ordinaires contre les actes administratifs resteraient toujours ouverts aux particuliers qui se croieraient lésés ; c'est même cela exactement et cela seul qu'à notre avis exprime le n° 6 de l'article 113 de l'ordonnance de 1840.

Art. 16. — La disposition qui fait l'objet de l'article 16 est la conséquence, en quelque sorte, de l'article 41 de la loi du 16 septembre 1807, qui autorise la concession, notamment, des « lais et relais de la mer, du droit d'endiguage, des « accrues, atterrissements et alluvions des fleuves, rivières « et torrents », cet acte étant applicable en Afrique occidentale française, en vertu des textes combinés des 14 août 1891 et 11 mai 1892.

Nous devons cependant faire observer que nous ne pouvons formuler une telle règle qu'à raison de la suppression,

— que nous proposerons plus loin, — des zônes réservées le long du littoral maritime et des rives des cours d'eau (Article 1er, *a* et *b*, du décret du 23 octobre 1904). En effet, tant que la zône des pas géométriques et la zône de passage demeurent classées dans le domaine public, toute parcelle conquise sur les eaux, — naturellement ou artificiellement, — se trouve incorporée dans le domaine public et la portion devenue libre, à l'extrémité des cinquante pas ou des vingt-cinq mètres profite aux propriétés privées riveraines (M. le Commissaire général Charvein, à son cours, cité par E. Petit, *Organisation des colonies françaises*, tome II, p. 72). Dans ces conditions, l'administration seule peut exécuter des travaux d'endiguage et, même en ce cas, aucune portion du terrain conquis ne serait susceptible d'aliénation à des particuliers, puisque toute augmentation du côté de la mer se trouve compensée par une diminution correspondante du côté de l'intérieur et que l'étendue du domaine public reste constante.

Donc, en cas de maintien des réserves, l'article 16 n'aurait plus de raison d'être.

Art. 17. — La règle énoncée par l'article 17 est bien connue : on sait que le voisinage du domaine public est, pour les propriétés privées, l'occasion d'une série de servitudes très variées.

« Sur ce point », dit M. Coquet (*Le domaine public colonial*, p. 93), « la législation coloniale moderne est incom- « plète. Elle ne s'est pas préoccupée de toutes les petites ser- « vitudes qui résultent presque nécessairement de la proxi- « mité des dépendances du domaine public, telles que l'obli- « gation pour les riverains des grandes routes de recevoir « sur leurs terres le jet des fossés et le produit de leur curage, « ou la prohibition d'établir près des voies ferrées des dé- « pôts de matières inflammables. Elle a sans doute laissé aux « arrêtés locaux le soin de les établir, lorsqu'elles devien- « nent nécessaires ».

Cette critique s'applique très justement et d'une façon toute spéciale au décret du 23 octobre 1904 : non seulement ce texte, — qui ne formule d'autres réserves que celles des articles 2 et 3, — néglige quantité de « petites servitudes », mais il ne reproduit même plus les dispositions de l'article 4 du décret du 8 février 1899, pour le Congo, lequel délimite les zônes de servitudes militaires ; il prévoit simplement, en son article 8, que les règlements généraux à intervenir édic-

teront les règles relatives « à l'exercice des servitudes d'uti-
« lité publique et des servitudes militaires ».

Cette partie de la législation domaniale applicable en Afrique ocidentale française a soulevé des critiques assez sévères :

« ... L'article 9 des décrets des 20 juillet 1900 (Sénégal) « et 24 mars 1901 (Guinée) qui correspond à l'article 10 du « décret congolais, continue à renvoyer aux servitudes « prévues aux articles 2, 3, 4, ce qui aurait un sens, si « cet article 4 avait été conservé, mais devient inexplicable « avec un article 4 (correspondant à l'article 5 congolais) ainsi « conçu : « Aucune indemnité n'est due aux propriétaires « à raison des servitudes établies en vertu des articles 2 et 3 « ci-dessus ».

« Le décret du 23 octobre 1904 (A. O. F.) ne détermine « pas les servitudes militaires. Comme il abroge simplement « (Art. 13) les dispositions antérieures contraires, j'en con- « clus que la législation précédente en cette matière reste en « vigueur. Cette omission est bizarre, puisque le décret de « 1904 se propose d'unifier la législation domaniale de « l'A. O. F. ; elle est peut-être même involontaire, car l'ar- « ticle 8 déclare que des règlements généraux seront arrêtés « par le Gouverneur général pour l'exercice des servitudes « d'utilité publique et des servitudes militaires.

« Ces exemples prouvent que la législation coloniale, faite « un peu vite, n'est pas toujours rédigée avec le soin désira- « ble » (*Le domaine public colonial*, p. 94, note 1).

Nous nous sommes efforcé, comme on le verra, d'éviter les mêmes reproches, principalement en ce qui concerne les servitudes d'utilité publique grevant les propriétés limitrophes du domaine public.

Il nous a paru tout d'abord que l'on ne pouvait permettre que de simples arrêtés vinssent apporter aux droits des propriétaires des restrictions en somme considérables ; aussi avons-nous eu soin de déterminer toutes les servitudes dont s'agit, sans exception, dans le décret lui-même.

Nous avons en outre modifié la disposition insérée au 2e alinéa de l'article 9 du décret de 1904, relative aux règles applicables en cas de démolition de constructions et d'enlèvement de clôtures ou plantations sur les propriétés voisines du domaine public. S'il est, en effet, possible d'admettre que les droits privés régulièrement constitués avant la promulgation des actes organiques soient seuls tenus pour valables, lorsqu'ils portent sur des dépendances du domaine public naturel, totalement classé par ces actes organiques eux-mêmes, il en va autrement lorsqu'il s'agit de dépendances du domaine public artificiel, dont la consistance varie continuellement ; dans cette hypothèse, il est impossible de ne pas respecter tous les droits privés constitués antérieurement au classement de chaque dépendance nouvelle, qu'il s'agisse de la parcelle à acquérir ou des parcelles limitrophes à grever de servitudes.

Ces simples observations suffiront, nous en avons la certitude, à faire admettre nos propositions, car elles sont conformes à l'équité la plus élémentaire. D'ailleurs l'article 11 du décret du 26 septembre 1902, pour Madagascar, comporte déjà une modification analogue au texte du Congo, proposé comme modèle, en 1899, aux diverses colonies.

Art. 18. — Cette disposition, combinée avec celles qui font l'objet des n°s 3° et 4° de l'article 73 ci-après, règle un point de la question insuffisamment traité par le seul article 8 du décret de 1904. Nous avons dû l'énoncer sous cette forme générale, dont il est facile, d'ailleurs, croyons-nous, de saisir le sens et la portée, et non spécifier, comme l'a fait l'arrêté indo-chinois (Art. 8), quel est, pour chaque catégorie de biens du domaine public, l'autorité ou le service qui s'en trouve chargé ; en effet, ce dernier acte, ainsi que nous avons déjà eu occasion de le dire, fait une masse de tout le domaine public, tandis que nous en proposons la répartition entre les divers organismes administratifs de l'Afrique occidentale française et qu'ainsi des dépendances de même nature pourront se trouver soumises, suivant les cas, à la surveillance de services distincts, ce qui, d'ailleurs, est conforme à l'état de choses actuel.

Art. 19. — Il nous a semblé qu'une disposition posant les règles à appliquer en matière de contentieux du domaine public avait sa place marquée en notre avant-projet. Le décret de 1904 n'en fait évidemment pas mention et laisse de la sorte à des actes distincts le soin d'y pourvoir, sauf à l'administration, en cas d'insuffisance de leurs dispositions, à recourir aux textes métropolitains, tenus pour raison écrite, ou à demander la solution de la difficulté à la jurisprudence (Cf. *Instructions ministérielles* du 28 octobre 1881, Chapitre VII, *Des contraventions,* — G. Pillias, *Op. cit.*, pp. 278 et suiv.).

C'est, du reste, aux mêmes sources que nous avons puisé, partiellement au moins, les éléments de notre article 19.

Nous avons établi une distinction entre les actions engagées par l'administration, pour la défense de ses droits de propriétaire, et celles que peuvent exercer les simples particuliers, pour écarter les entraves apportées à leur libre jouissance.

Pour la première catégorie, nous restons dans l'esprit général de la législation en vigueur, qui soumet déjà au tribunal administratif les litiges soulevés par l'établissement et l'usage de nombre de dépendances du domaine public (V. article 113 précité de l'ordonnance du 7 septembre 1840, n°s 3°, 4°,6°,(?),7°,8° et 9°) et qui prévoit, en outre, une procédure spéciale pour le cas où les conseils du contentieux statuent comme tribunaux répressifs (V. décret du 5 août 1881, article 99) ; pour cela nous étendons purement et simplement le même principe à toute la matière ; nous évitons ainsi la dispersion des compétences que l'on constate dans la métropole, où le contentieux de la petite voirie, par exemple, est soumis, sauf certaines exceptions intéressant les chemins vicinaux, aux tribunaux judiciaires. Un peu plus d'unité ne saurait être qu'un avantage et il nous a paru rationnel de l'obtenir par l'insertion d'une disposition expresse au texte organique à élaborer.

D'autre part, la question de l'action possessoire appliquée au domaine public a donné lieu à de nombreuses controverses ; il est certain qu'en principe, à raison de leur inaliénabilité et de leur imprescriptibilité, les dépendances du domaine public ne peuvent faire l'objet d'une possession au sens de l'article 2229 du Code civil ; mais, dans la pratique, ce principe a été fréquemment négligé et la Cour de cassation, bien que l'ayant parfois consacré dans toute sa rigueur (Cass,, 26 octobre 1896, *Pand. chr.*, 97,1, 100), a, en d'autres circonstances, admis l'action possessoire pour la conservation du droit à l'usage collectif du domaine public ou à l'usage privatif de portions concédées à titre précaire (V. Maguéro, *Op. cit.*, v° *Domaine public*, n° 103 et v° *Procédure*, n° 79, R. de Récy, *Op. cit.*, n° 617) (1).

C'est cette dernière dérogation, très favorable à la défense du domaine (Quel avantage la Compagnie du chemin de fer de Dakar à Saint-Louis n'eût-elle pas eu à l'opposer aux prétentions du sieur Rawane Boye, dans la célèbre instance qui se poursuit depuis quinze ans entre cet indigène, l'adminis-

(1) Voir la thèse déjà citée — et parue au cours de l'impression du présent travail — de M. F. Viel. *De l'emploi de l'action possessoire à l'occasion des dépendances du domaine public*. Toulouse, 1907.

tration du Sénégal et la société concessionnaire !), que nous avons intention d'ériger en règle formelle dans le second alinéa de l'article 19.

« Parmi les avantages que le législateur devrait reconnaî-« tre expressément aux concessionnaires du domaine pu-« blic », dit M. Barckhausen, *Op. cit.*, n° 112, « nous « tenons à citer le bénéfice des actions possessoires. La juris-« prudence le leur accorde déjà et non sans raison. L'Auto-« rité ne saurait, en effet, laisser sans défense des droits « qu'elle a conférés. Mais obliger l'Administration à interve-« nir elle-même dans le moindre cas de trouble serait exces-« sif. Il vaut mieux fournir aux personnes dont la jouissance « légitime est inquiétée un moyen de repousser judiciaire-« ment les attaques dont elles ont à se plaindre ».

Art. 20. — L'article 20 ne fait qu'appliquer en Afrique occidentale la règle instituée dans la métropole par la loi de 1790.

Il s'agit en somme d'un règlement de compte entre créancier et débiteur et la compétence des tribunaux de l'ordre judiciaire paraît naturellement indiquée en une semblable matière.

§ 2. — *Du domaine privé.*

Art. 21. — La distinction établie par cet article entre le domaine privé affecté et non affecté aux services publics est suffisamment connue pour qu'il soit superflu d'ajouter aucun commentaire aux définitions que nous en avons données. Nous rappellerons seulement l'observation faite au début de ce rapport sur l'importance beaucoup plus considérable que prend la question du domaine aux colonies, comparée à ce qu'elle est dans la métropole, et nous ajouterons que la différence porte précisément sur la consistance du domaine privé non affecté, en France et aux colonies. C'est dans cette dernière catégorie, en effet, qu'il faut classer toutes les terres vagues ou vacantes qui couvrent une notable partie de la superficie de nos possessions de l'ouest africain.

Les dispositions qui vont suivre et qui se rapportent à la régie du domaine privé sont donc tout aussi importantes, — quoique pour des motifs d'ordre différent, — que celles que nous venons de voir et qui se rapportent au domaine public ; cette fois-ci, l'intérêt général n'exige plus que les biens soient conservés en nature, en vue d'une utilisation spéciale, mais bien qu'ils soient exploités de la manière la plus profitable aux finances locales et à la colonisation.

Art. 22. — Les règles inscrites aux trois alinéas de cet article sont d'une nécessité incontestable.

La première a été complètement négligée dans nos colonies africaines, mais, malgré la fréquence des changements d'affectation que peut entraîner une organisation en progrès continuels, il est indispensable qu'elle soit scrupuleusement respectée à l'avenir et l'on verra, lors de l'étude du titre III du présent avant-projet, les mesures qui sont proposées à cet effet.

L'obligation d'une affectation expresse, en ce qui concerne les biens meubles, est beaucoup moins impérieuse ; cela s'explique et par la nature périssable des objets mobiliers et par les facilités accordées aux divers services pour pourvoir rapidement à leur acquisition et à leur remplacement.

Enfin il était intéressant de rappeler que l'affectation ne confère aux services qu'un droit essentiellement précaire sur les objets affectés, mais que, en même temps, et tant que dure l'affectation, ces biens sont indisponibles ; et par là, nous entendons marquer la différence existant entre les biens du domaine public, garantis par l'inaliénabilité absolue (au moins en ce qui concerne le domaine public naturel), et les biens du domaine privé, frappés simplement d'une indisponibilité passagère.

Art. 23. — Nous avons posé là une règle qui, dans la métropole, comporte certaines dérogations.

« Les personnes administratives », enseigne M. Hauriou, *Op. cit.*, p. 616 et note, « ont moins de capacité pour désaf-
« fecter que pour affecter. Ainsi le Conseil municipal ne
« peut prononcer une désaffectation ou un changement d'af-
« fectation, même pour un service communal, qu'avec l'au-
« torisation du Préfet (Art. 68, n° 5, loi du 5 avril 1884) ».

Nous ferons remarquer que, précisément, cet article 68 n'est pas au nombre de ceux dont l'application a été étendue au Sénégal et il ne nous paraît pas, — les cas semblables, en somme, étant peu nombreux, — qu'il convienne de suivre cet exemple. Il est infiniment plus logique d'admettre qu'un propriétaire jouissant de la libre disposition de son bien et ayant décidé de l'employer à un usage donné peut modifier ultérieurement, à sa guise et suivant ses besoins, sa première décision.

Il y a du reste quelque exagération à prétendre entourer de plus de formalisme la simple désaffectation d'un immeuble du domaine privé que le déclassement d'une dépendance du domaine public ; or, nous avons vu que le principe d'après lequel le déclassement a lieu par la même autorité qui a pourvu au classement et dans la même forme est généralement admis.

Art. 24. — L'article 24 constitue le complément et le développement de la règle posée à l'article 21, 2e alinéa ; il ne nécessite donc aucune explication spéciale.

Nous avons reproduit, dans un alinéa final, la disposition de la loi métropolitaine qui interdit l'aliénation des forêts domaniales, pour réserver aux budgets de l'Etat ou des communes le produit de leur exploitation. Nous admettons cependant un tempérament à la rigueur de cette prescription ; en effet, il est certaines régions de l'Afrique occidentale où la forêt constitue un obstacle à la pénétration et à la mise en valeur du pays ; le défrichement devient alors une nécessité et l'on conçoit qu'en pareille occurrence, il demeure loisible à l'administration de le provoquer par une aliénation définitive du sol forestier. Il appartiendra aux gouvernements locaux d'apprécier dans quels cas et dans quelle mesure il doit être tenu compte de cette dérogation à la prohibition générale.

Art. 25. — Les deux alinéas de l'article 25 exigent chacun quelques mots d'explication.

La règle générale formulée par le premier d'entre eux résulte de l'organisation des cadres administratifs de l'Afrique occidentale française. Tandis qu'en Nouvelle-Calédonie, par exemple, la métropole a placé un agent chargé spécialement de l'administration du domaine de l'Etat à côté de ceux qui, relevant du service local, pourvoient à la gestion du domaine colonial, en Afrique occidentale, au contraire, il n'existe qu'un seul service, lequel, nécessairement, doit remplir ce double office et même, si l'on tient compte de l'organisation toute spéciale du groupe ouest-africain, assurer cumulativement la régie du domaine de l'Etat, de celui du Gouvernement général et enfin de celui des colonies, le domaine communal restant seul en dehors de son action.

L'exception marquée au deuxième alinéa, en ce qui concerne les biens affectés, est admise également dans la métropole ; mais nous l'avons complétée par l'addition d'une disposition expresse relative aux dépenses engagées par les services affectataires, pendant le temps de l'affectation. C'est là, en effet, une question qui a soulevé parfois des difficultés en France et les avis émis pour sa solution ne sont pas toujours d'accord, soit entre eux, soit avec les décisions judiciaires rendues à ce sujet. (V. Maguéro, *Op. cit.*, v° *Affectation et désaffectation*, n° 56 et suivants).

Toutefois, si l'on veut bien observer que les divers servivices administratifs ne sont que des parties d'un même tout, que les crédits délégués à ces services proviennent d'un budget commun et que, par suite, les améliorations apportées au moyen des ressources de ce budget commun à des biens appartenant à un même propriétaire ne modifient point une situation, en réalité, des plus simples, on aboutira nécessairement à la conclusion à laquelle nous nous sommes arrêté. Il est d'ailleurs à remarquer que les litiges sont généralement survenus, dans la métropole, à l'occasion d'affectations consenties au profit d'établissements ne constituant pas, à proprement parler, des services publics (C. Paris, 23 avril 1892, *Pand chron.*, 1892-2-73 ; Cass. req., 4 décembre 1894, *Journ. Enreg.*, n° 24-637) ; or, dans les cas analogues, — en admettant qu'il puisse s'en présenter parfois aux colonies, — l'acte d'affectation comportera toujours addition de clauses pour le règlement des contestations possibles entre l'administration et les bénéficiaires.

Art. 26. — Cette fois encore, comme à l'occasion de l'article 15, nous émettons une proposition qui modifie une règle de compétence admise par la législation coloniale ; mais, cette fois encore, également, nous désirerions réaliser une unification qui nous paraît infiniment désirable.

Il est constant que les personnes administratives doivent jouir de leur domaine privé dans les mêmes conditions, exactement, que les particuliers ; par suite, si elles se trouvent dans l'obligation de défendre les biens qui en font partie contre les entreprises de tiers, elles sont tenues logiquement de recourir aux tribunaux de l'ordre judiciaire, seuls compétents, en principe, pour solutionner des litiges de cette nature.

Cependant, il est de règle, en France, que le contentieux des domaines nationaux est du ressort des Conseils de préfecture, par application de l'article 4 de la loi du 28 pluviôse an VIII (V. Maguéro, *Op. cit.*, v° *Aliénation des immeubles domaniaux*, n°s 21 et 22 ; v° *Conseils de préfecture*, n°s 4, 7 et 8). On peut, d'ailleurs, faire observer que cette attribution de compétence, basée sur la jurisprudence du Conseil d'Etat, ne laisse pas d'être critiquée, notamment par M. Hauriou, qui estime que « dès le début considérée comme exception-« nelle,... elle devrait avoir disparu » (*Op. cit.*, p. 790).

La législation coloniale présente une particularité qui n'est pas moins curieuse. Alors que, en principe, en matière de contrats passés par l'administration pour la gestion de son domaine privé, l'examen des clauses est soumis, s'il y a lieu, aux tribunaux de l'ordre judiciaire (V. G. Pillias, *Op. cit.*, p. 93), l'article 113 de l'ordonnance du 7 septembre 1840, en son paragraphe 5, soumet au Conseil du contentieux administratif « les demandes en réunion de terrains au do- « maine, lorsque les concessionnaires ou leurs ayants droit « n'ont pas rempli les clauses des concessions ».

On n'a même pas hésité à tirer de cette disposition, en somme très strictement limitée, des conséquences assez hardies et l'on a soutenu que les litiges soulevés entre les concessionnaires et l'administration, à l'occasion soit de la délivrance des titres d'occupation provisoire, soit de la conversion de ces titres d'occupation provisoire en titres de concession définitive, soit enfin de la reprise des terrains à défaut d'exécution des engagements stipulés aux contrats de concession, doivent être résolus par la même juridiction (V. G. Pillias, *Op. cit.*, p. 96). Cette conclusion s'appuie sur l'opinion que ces divers actes sont « des actes de puissance publique, avec clauses contractuelles », dressés « dans un intérêt supérieur, celui de la colonisation ».

Nous ne pensons pas que l'on doive aller aussi loin, au moins en ce qui concerne les concessions accordées en Afrique occidentale française ; en effet, si, à la rigueur, on peut considérer comme acte de puissance publique celui par lequel l'autorité confère à un particulier ou à une société le droit d'exploiter d'immenses territoires encore à peu près inconnus, avec mission d'y faciliter l'établissement de l'autorité française, et en exerçant, au besoin, dans une limite même restreinte, une part des attributs de souveraineté, — comme cela a lieu avec le système des grandes concessions congolaises, — il n'en va plus de même lorsque l'octroi des concessions n'a d'autre objet que de constituer aux habitants, cultivateurs indigènes ou colons, des lots de propriété de dimension réduite, ainsi qu'il a paru possible de le faire dans les colonies du groupe de l'Afrique occidentale française, en suite de l'enquête poursuivie par la Commission des concessions coloniales, au cours des mois de mai et juin 1900. De tels contrats, — car alors il apparaît bien que les clauses contractuelles sont les plus importantes, les seules importantes même, — ne dépassent pas la portée d'un acte de disposition permis à tout propriétaire de biens immobiliers.

Pour ces motifs, nous avons pensé qu'il n'y avait aucun

inconvénient sérieux à modifier le paragraphe 5 de l'article 113, à unifier, en même temps, les règles de compétence à observer en matière domaniale, dans le ressort de la Cour d'appel de l'Afrique occidentale française.

Ainsi donc le contentieux du domaine public appartiendrait exclusivement aux tribunaux administratifs et le contentieux du domaine privé aussi exclusivement aux tribunaux ordinaires ; cette solution, appuyée, — on l'a vu, — sur des arguments que nous croyons non dénués de valeur, est nette et très satisfaisante pour l'esprit ; nous estimons donc qu'elle doit être substituée aux règles multiples auxquelles nous avons fait successivement allusion (1).

Pour ce qui est des prescriptions formulées aux deux derniers alinéas de l'article 26, on y reconnaîtra un résumé des règles de procédure suivies, dans la métropole, en matière d'instances domaniales (Voir Maguéro, v° *Procédure*) ; il ne faut pas perdre de vue que le dépôt du mémoire est exigé, en France, pour les actions à intenter aux communes et aux départements ; nous ne pouvions mieux faire que d'entrer, à notre tour, dans la même voie.

On remarquera peut-être que les dispositions de l'article 26 ne s'appliquent qu'aux instances intéressant le domaine privé et que nous paraissons avoir négligé d'en étendre l'application à celles qui se rapportent au domaine public ; mais nous n'avions aucune raison d'agir différemment : en effet, le décret du 5 août 1881, qui pose les règles de la procédure à suivre devant la juridiction administrative, prévoit un mode d'instruction écrite qui répond exactement aux besoins de la situation proposée.

Art. 27. — Cet article n'exige aucun développement ; il ne saurait se concevoir différemment.

TITRE II

RÉPARTITION ET GESTION DU DOMAINE

Chapitre premier. — Domaine de l'Etat.

Art. 28. — Avec l'article 28, nous entamons la seconde partie du programme que nous nous sommes tracé : après

(1) Nos propositions trouvent une justification nouvelle dans le projet de loi portant reorganisation des tribunaux de l'ordre administratif, récemment élaboré par le ministère Clemenceau.

avoir posé les règles théoriques qui doivent présider à la constitution du domaine, nous en venons à déterminer les éléments dont le lot de chaque organisme administratif doit être formé, et nous compléterons, chemin faisant, sur les points de détail, les dispositions d'ordre général formulées au titre premier.

Nous commencerons tout naturellement par le domaine de l'Etat ou domaine national car, par une conséquence nécessaire de la déclaration faite à l'occasion des articles 1 à 3 de l'avant-projet, nous reconnaissons formellement à l'Etat la propriété d'un domaine public et d'un domaine privé en Afrique occidentale française.

Dans le domaine public nous classons :

(On remarquera, sans doute, que, pour chacune des catégories de biens que nous avons inscrites dans la partie intitulée « Domaine public », nous avons indiqué, avec le plus de précision possible, les limites qu'il nous a paru convenable de leur assigner. Le domaine public, en effet, se compose de biens mis hors du commerce et protégés par des dispositions exorbitantes contre les usurpations et empiètements des particuliers. Ils constituent donc une classe exceptionnelle parmi les biens appartenant à la collectivité sociale, classe dans laquelle il convient de ne prononcer d'admissions qu'avec la plus grande circonspection. Ainsi donc toute portion d'un bien domanial qui se trouve située hors des limites assignées aux dépendances du domaine public rentre dans le domaine privé.

1° Les voies ferrées établies aux frais du budget métropolitain et leurs dépendances.

On n'ignore pas que la ligne de chemin de fer de Dakar à Saint-Louis a été totalement construite au compte de la métropole ; il est donc tout naturel de prononcer le classement proposé. Les dépendances classées sont celles auxquelles la jurisprudence a reconnu cette qualité et, sur ce point non plus, nous ne pensons pas qu'aucune difficulté puisse s'élever.

Il nous suffit donc de justifier nos propositions en ce qui concerne les limites asignées à l'étendue du domaine public, en matière de voies ferrées. Ce côté de la question, que le législateur colonial ne semble pas avoir songé à régler avant ce jour (V. décrets des 8 février 1899, 20 juillet 1900 et 23 octobre 1904, art. 1er *f.*, et arrêté du Gouverneur général de l'Indo-Chine du 15 janvier 1903, art. 2-2e), avait récemment attiré l'attention des Gouvernements des colonies ouestafricaines. Dans sa séance du 23 septembre 1905, le Conseil d'administration de la Guinée adoptait un projet d'arrêté fixant à « cent mètres de part et d'autre de l'axe de la voie fer- « rée » la zône de domaine public du chemin de fer ; il était, d'ailleurs, spécifié que le but de cette disposition était de créer une réserve pour le service du chemin de fer. Au Dahomey, également, l'administration avait projeté d' « affecter « au domaine public du chemin de fer », en dehors des arêtes de la plateforme de la voie, une bande de 12 mètres de largeur, déclarée suffisante pour englober les talus, les fossés et la ligne télégraphique.

Nous n'avons pas pensé qu'il nous fût possible de nous rallier à l'une ou à l'autre de ces propositions ; comme nous l'avons déjà fait remarquer, le caractère de domanialité publique ne peut être conféré arbitrairement et la jurisprudence n'admet pas que, pour les chemins de fer, précisément, les terrains simplement réservés puissent être considérés comme dépendances nécessaires de la voie, il est dès lors évident que l'on doit assigner comme limites au domaine public, sur le parcours des voies ferrées, celles de l'emprise proprement dite, telle qu'elle est définie à l'article 5 de la loi métropolitaine du 15 juillet 1845, sur la police des chemins de fer, laquelle est, nous l'avons signalé au préambule, applicable au Sénégal (décret du 9 juin 1887) et dans les colonies du sud (Décret du 11 mai 1892, art. 23). On verra, d'ailleurs, que les mesures de précaution qui avaient motivé l'extension tout à fait anormale des limites du domaine public proposée par le Gouvernement du Dahomey et surtout par celui de la Guinée se trouvent observées et que la garantie et protection des intérêts en cause est assurée par l'établissement, à l'article 29, de servitudes d'une nature spéciale imposées aux riverains des voies ferrées ;

2° Les dépendances à terre des câbles sous-marins.

Que les câbles soient d'ores et déjà la propriété de l'Etat ou que, établis par des Compagnies concessionnaires, ils doivent faire retour à l'Etat à l'expiration de la durée de la concession, dans tous les cas ils rentrent indistinctement dans le domaine public national. Dans ces conditions, et à raison du caractère d'intérêt général incontesté de semblables services, il est indiscutable que l'on doive tenir les lignes de câbles comme appartenant au domaine public et leurs dépendances nécessaires doivent suivre forcément le même sort;

3° Les ouvrages de fortification établis pour la défense militaire.

Nous sommes d'accord sur ce point avec les décrets antérieurs et notamment avec le décret du 23 octobre 1904, article 1er, *i* ; toutefois, nous apportons à ce texte une double modification :

1° Nous définissons les limites du domaine public militaire et, à cette fin, nous prenons comme base de notre rédaction l'article 22 du décret du 10 août 1853, qui définit la zône des fortifications ;

2° A l'exemple de ce qui est admis en France, le domaine public militaire cesse à la ligne extérieure de cette zône des fortifications pour faire place à la propriété privée, grevée de simples servitudes militaires ; nous évitons donc de classer la zône additionnelle de 250 mètres.

Nous nous sommes posé la question de savoir d'où pouvait provenir cette institution nouvelle d'une zône de domaine public de 250 mètres entourant les ouvrages militaires ; nous n'avons pu en relever une trace antérieure au décret organique du domaine public du Congo, du 8 février 1899, sans que, pourtant, le rapport, qui sert d'exposé de motifs à ce dernier acte, ait pris soin de justifier une aussi grave innovation.

En France, nous le répétons, il n'existe autour des ouvrages de fortification que des zônes de servitude, en sorte que les droits de propriété des riverains s'exercent encore sous certaines restrictions, ayant pour objet de dégager les abords des points fortifiés.

Au Congo et en Afrique occidentale française, la première zône de servitudes de la métropole (Décret du 10 août 1853, art. 5 et 7) est remplacée par une zône de domaine public ; d'où cette double conséquence :

1° L'Etat, en Afrique occidentale française, doit se rendre acquéreur des propriétés privées situées dans un rayon de 250 mètres autour des ouvrages de fortification ; en France, cette acquisition n'est pas nécessaire.

2° En France, les propriétaires des terrains situés dans la zône de 250 mètres peuvent en tirer certaines natures de produits, notamment par la culture ; en Afrique occidentale française, l'Etat ne peut entreprendre de travaux de ce genre et, d'autre part, il ne lui appartient pas, en bonne logique, d'édifier des constructions là où, d'ordinaire, il est jugé impossible d'autoriser les particuliers à le faire.

Que ces considérations n'aient point arrêté le législateur congolais, cela peut, à la rigueur, se concevoir ; car, d'une part, au Congo, les propriétés privées ne sont pas, même à l'heure actuelle, très nombreuses, et puis, surtout, il n'y existe pas de place de guerre classée. Mais, en Afrique occidentale française, il en va différemment : il existe une place de guerre, point d'appui de la flotte, Dakar, et bien que, à l'origine, l'État ait pu se dire seul propriétaire fondé en titre de toutes les terres de la presqu'île du Cap Vert, depuis un certain nombre d'années, à l'aide de titres contestables validés par la prescription, des propriétés privées se sont constituées et si l'administration voulait en arriver à l'application sur le terrain du classement inscrit dans la loi, elle aurait à engager des dépenses probablement considérables.

Nous estimons donc qu'il n'existe aucune raison d'imposer en tous points la législation congolaise à nos possessions de l'Afrique occidentale française, alors surtout qu'elle édicte des mesures absolument neuves, sans justification formelle et même sans intérêt nettement apparent.

Ajoutons, encore une fois, que, s'il s'agit seulement d'assurer une réserve pour des besoins futurs encore imprévus (ce qui, dans ce cas spécial, ne paraît pas probable), l'administration n'a qu'à ne point laisser sortir de son domaine privé, par voie d'aliénation ou de concession, les terres dont elle peut encore être propriétaire, dans tel périmètre qu'il lui plaît de fixer. Il va sans dire d'ailleurs, que, pour la fixation de ce périmètre, il est essentiel de tenir un compte égal des besoins de l'administration et de l'intérêt du développement économique des colonies.

Nous nous en tenons donc, comme pour les voies ferrées, aux servitudes admises dans la métropole, sous la réserve que nous exposerons en commentant l'article 29.

4° Les routes stratégiques construites aux frais du budget métropolitain.

Il s'agit là de dépendances évidentes du système de défense militaire : la similitude de traitement s'impose.

5° Les ports militaires et leurs dépendances.

Cet article ne vise actuellement que le port militaire de Dakar, point d'appui de la flotte ; malgré le caractère mixte de ce port, il est incontestable qu'il convient d'attribuer à l'Etat et de reconnaître comme sa propriété les ouvrages et travaux effectués au compte du budget métropolitain.

6° Les ports électro-sémaphoriques et leurs dépendances.

Ce sont encore des organes indispensables de la défense et leur classement dans le domaine public de l'Etat est de droit.

7° Les archives des services de la guerre et de la marine.

L'insertion de cet article soulève une question de principe: Existe-t-il un domaine public mobilier ? On sait que les auteurs qui entendent fonder la théorie du domaine public sur le Code civil refusent de reconnaître le caractère de domanialité publique à tout ce qui n'est pas « portion de territoire » et, par suite, aux édifices, d'une part, et aux meubles, de l'autre. L'opinion contraire, qui admet le classement de toutes sortes de biens, pourvu qu'ils répondent au critérium choisi, réunit un plus grand nombre d'adhérents et c'est à cette dernière que nous nous rallions, ainsi que nous l'avons déjà laissé entendre.

Ce principe une fois admis, il est incontestable, — et la jurisprudence la plus récente se conforme à cette règle (Gap, 30 octobre 1895, Dall. 97-2-54 à 56 ; Nancy, 16 mai 1896, Dall. 96-2-411), — que les archives nationales font partie du domaine public ; ne répondent-elles pas absolument au critérium que nous avons énoncé à l'article 5, par cela même qu'elles sont d'une utilité sociale considérable, qu'elles ne sont pas susceptibles de remplacement et qu'elles doivent dès lors être protégées par les moyens dont dispose la puissance publique ?

Nous comprenons dans le domaine privé de l'Etat :

1° (8°) Les propriétés immobilières qui ont pu être acquises ou édifiées au compte du budget métropolitain, en vue d'assurer le fonctionnement des services publics relevant de l'Etat.

On doit admettre, en effet, que, en dehors des biens affectés aux services publics, l'Etat n'a aucun besoin de posséder, aux colonies, des propriétés bâties ou plantées servant à une exploitation agricole, des « habitations », pour employer l'ancien vocable.

Incontestablement il en exista, au début de notre installation, ou plutôt de notre réinstallation, au Sénégal, en 1819. On peut voir, aux archives du Gouvernement général, sous le n° 1 d'un *Registre des concessions au Oualo*, un acte du Gouverneur baron Roger, daté du 19 août 1824, portant attribution au « domaine privé du Roi, au Sénégal », pour former l'habitation « dont S. M. a bien voulu ordonner la création, « aux frais de la liste civile, par décision du 4 novembre « 1818 », des « terrains sur lesquels se trouve actuellement « l'établissement de Koëlel », près Dagna ; mais il est notoire que, depuis fort longtemps, le Gouvernement métropolitain ne songe point à revenir à de tels procédés de colonisation et que les vestiges de ces anciennes habitations, s'il en restait encore trace, devraient être équitablement tenus pour dépendances du domaine local, car c'est à la colonie que la conservation en serait due assurément.

En conséquence, nous croyons que la rédaction proposée répond autant qu'il est nécessaire aux besoins de l'État, notre organisation politique actuelle ne permettant pas de considérer comme possible désormais la reconstitution d' « habitations » entretenues par le budget métropolitain.

2° (9°) Les biens meubles acquis aux frais du budget métropolitain.

Ce qui s'explique tout naturellement. Il en résulte, d'ailleurs, que la vente provoquée par une décision d'une commission de réforme doit être faite au compte du budget mépolitain, ainsi qu'on le verra à l'article 35 ci-après.

Art. 29. — Par application de l'article 17 de l'avant-projet, nous avons relevé les diverses servitudes qui grèvent les fonds riverains du domaine public national.

1° Le long des voies ferrées, nous avons pensé qu'il convenait d'instituer les mêmes servitudes qui existent dans la métropole et qui sont déterminées par les articles 3, 5, 7 de la loi du 15 juillet 1845, en les adaptant cependant aux conditions locales.

2° Autour des ouvrages de fortification, — pour ne pas encourir, à notre tour, les reproches adressés, ainsi que nous l'avons déjà dit, au législateur de 1900 et 1904, — nous entendons réserver les zônes de servitudes militaires, mais nous n'avons pas cru devoir en arrêter les dimensions, pour le motif que,à notre connaissance,un projet spécial a été élaboré par les services militaires et est actuellement soumis au département.

Nous ferons remarquer toutefois que la question est fort ancienne ; il existe aux archives du Gouvernement général des documents établissant que, depuis cinquante ans, l'on se préoccupe d'appliquer aux colonies, en général, et au Sénégal, en particulier, le décret du 10 août 1853 (V. notamment Rapport Pinet-Laprade du 11 novembre 1862).

3° Dans l'étendue enfin du champ de vue des postes électro-sémaphoriques, il est nécessaire de prévoir les mêmes prohibitions que celles qui ont été admises, en France, par la loi du 18 juillet 1895 ; mais il conviendra, comme en matière de servitudes militaires, de déterminer dans quelles limites les fonds riverains doivent être frappés.

Art. 30. — Par application des articles 10 et 22 de l'avant-projet, il était indispensable de déterminer quelles autorités seront qualifiées pour prononcer le classement des biens du domaine public artificiel et l'affectation des biens du domaine privé.

Nous nous sommes arrêté à la solution la plus rationnelle : les ouvrages servant à la défense constituent une catégorie à part, sur laquelle le Gouvernement métropolitain a toujours entendu se réserver un droit absolu de disposition ; il est, d'ailleurs, conforme à la loi métropolitaine de laisser au Chef de l'Etat le soin de prononcer, par décret, le classement des biens de cette nature ; c'est là une prérogative qui doit d'autant plus être respectée, aux colonies, que le classement, ou même la simple affectation, d'une dépendance du domaine militaire entraîne des conséquences fort graves : l'article 60 de la loi de finances du 22 avril 1905 n'autorise, en effet, en cas de déclassement ou de désaffectation d'immeubles du domaine militaire, la cession du bien déclassé ou désaffecté au domaine local que sous certaines conditions à déterminer par décret rendu dans la forme des règlements d'administration publique. Il faut donc veiller à ce que les biens du domaine, du produit desquels les services locaux profitent généralement, ne fassent point l'objet de classements ou d'affectations insuffisamment justifiés.

Mais, par contre, pour tout le surplus des dépendances du domaine national en Afrique occidentale française, il est naturel de remettre au Gouverneur général, en sa qualité de dépositaire des pouvoirs du Gouvernement de la République, le soin de statuer sur le mode d'utilisation le plus profitable à leur imposer.

On remarquera sans doute une différence de rédaction entre l'article 30, que nous venons d'étudier, et l'article 38, qui règle la même question du classement et de l'affectation en ce qui concerne les dépendances du domaine du Gouvernement général ; dans la seconde hypothèse, nous avons prévu que les arrêtés du Gouverneur général seront pris en Commission permanente du Conseil de Gouvernement ; on sait que, aux termes de l'article 9 du décret du 18 octobre 1904, réorganisant le Conseil de Gouvernement, la Commission permanente remplit, pour les services dépendant du Gouvernement général, les attributions dévolues aux Conseils d'administration des colonies de l'Afrique occidentale française. Par suite, elle doit émettre son avis, lorsque le domaine du Gouvernement général est mis en cause, au même titre que les Conseils d'administration des colonies ont à le faire lorsqu'il s'agit de questions touchant au domaine local (Ordonnance du 7 septembre 1840, *passim*).

On conçoit qu'il en doit être autrement lorsque c'est le domaine de l'Etat qui est intéressé, les instructions ministérielles devant alors, dans les cas importants, éclairer le Gouverneur général sur les décisions à prendre.

Art. 31. — Nous avons résumé, en cet article 31, l'ensemble des règles générales concernant les actes amiables de gestion ou de disposition concernant les biens du domaine national.

Il conviendra de bien remarquer, une fois pour toutes, que, nous basant sur ce qu'en France le Préfet, dans chaque département, a seul qualité pour prendre des engagements au nom de l'Etat, quelle que soit l'affectation actuelle ou éventuelle de l'immeuble à acquérir, grever ou aliéner, nous reconnaissons au Gouverneur général seul le droit d'agir valablement dans des conditions identiques. Mais, comme en France également, le Gouverneur général sera assisté, dans chaque cas, par un fonctionnaire civil ou militaire dûment qualifié à cet effet. En outre, nous prévoyons qu'il peut déléguer ses pouvoirs à d'autres fonctionnaires, au Secrétaire général qui lui est adjoint, par exemple, ou encore aux Lieutenants-Gouverneurs des diverses colonies, au Commissaire du Gouvernement en Mauritanie, aux Commandants des territoires militaires, etc.

On observera peut-être qu'en France, la règle générale relative à la compétence des préfets, pour la passation des actes intéressant le domaine, reçoit une dérogation en matière de baux (ce sont les contrats les plus nombreux) ; divers textes, et notamment la loi de décentralisation du 6 décembre 1897 confient la réalisation de ces contrats au Ministre, au Directeur général et aux Directeurs départementaux de l'Enregistrement, suivant les cas ; mais les actes de l'espèce ne sont point assez nombreux, aux colonies, pour justifier l'application de ces règles exceptionnelles.

Art. 32. — Cette disposition s'explique d'elle-même : elle prévoit la ratification par le mandant des actes de ses mandataires.

Art. 33. — Dans le cas où l'aliénation des biens meubles dépendant du domaine national est reconnue nécessaire, les règles à observer sont celles qui reçoivent application dans la métropole, et cela en conformité des prescriptions de l'article 193 du décret du 20 novembre 1882, sur le régime financier des colonies. Ces règles sont formulées par l'arrêté du Directoire du 23 ventôse an VI (qui, en ses articles 1 et 3, confie aux agents de la régie de l'enregistrement le soin de procéder aux ventes de mobilier de l'Etat, en son article 2, charge l'administration départementale de fixer les jours de vente et, en ses articles 4, 5 et 6, détermine le mode de comptabilité tant en recette qu'en dépense) et par le décret du 26 février 1897 (qui rapporte l'article 2 de l'arrêté du 23 nivôse).

L'article 33 a pour objet de confirmer purement et simplement ces différentes prescriptions, en leur donnant, en tant qu'il est nécessaire, force exécutoire en Afrique occidentale française.

Art. 34. — L'article 34 reproduit une partie des dispositions du décret du 1er avril 1906, pris d'urgence, pour parer aux difficultés soulevées à raison de l'insuffisance des textes législatifs antérieurs.

Il confirme les pouvoirs du Gouverneur général pour représenter le domaine de l'Etat dans les colonies de l'Afrique occidentale française ; mais il complète l'acte du 1er avril par l'addition de dispositions nouvelles destinées à régler définitivement la situation envisagée.

On remarquera que les procédures engagées au nom du Gouverneur général doivent être suivies par des services différents, suivant la nature des biens faisant l'objet des litiges et contestations. Cette règle est déjà suivie dans la métropole, en ce qui concerne le domaine militaire proprement dit : tandis que, en règle générale, la suite des instances domaniales est dévolue à l'administration de l'enregistrement et des domaines, réserve est faite, par l'ordonnance du 6 mai 1838, des instances relatives au domaine militaire, lesquelles sont suivies par le Ministre de la guerre (Loi du 8-10 juillet 1791, titre Ier, article 13). D'ailleurs la procédure est toujours faite au nom du Préfet, unique représentant de l'Etat (Code de procédure civile, Art. 69-1°).

Nous avons cru devoir aller un peu plus loin et confier également à l'autorité maritime, en Afrique occidentale française, le soin de défendre le domaine maritime (en tant qu'il est affecté à la défense), mais toujours, du reste, au nom du Gouverneur général. Il en était ainsi, dans la métropole, sous l'empire du décret-loi du 12-20 mars 1791, dont l'article 5 est conçu en termes analogues à ceux de l'article 13, titre Ier, de la loi de juillet 1791 ; mais la prohibition faite aux corps civils de s'immiscer dans la régie des biens affectés au ministère de la marine n'a pas été maintenue par l'ordonnance du 6 mai 1838, laquelle n'admet, nous l'avons dit, qu'une seule exception à la règle générale de la compétence de l'administration des domaines (Maguéro, *Op. cit.*, v° *Procédure*, n° 19 *bis*). L'intention très marquée du pouvoir central de conférer une indépendance relative au service de la marine dans les colonies (Décret du 3 novembre 1905) nous a semblé une indication suffisante pour revenir au régime de la loi de 1791 et pour remettre aux deux services chargés de la défense le soin de pourvoir intégralement à la conservation des biens qui leur sont attribués.

Ce retour en arrière semblera, nous l'espérons, d'autant moins critiquable qu'il est conseillé, même pour la métropole, par M. le Professeur Barckhausen :

« Quand les droits de l'Etat, des départements et des com-
« munes, sur leurs domaines publics, sont contestés, il est
« nécessaire de recourir aux juridictions que la loi charge de
« régler le litige.

« Nous estimons que, pour cette conservation juridique,
« comme pour la matérielle, il serait opportun de rappeler
« la distinction établie par l'Assemblée constituante entre les
« *fonctions des autorités civiles et les fonctions des autorités*
« militaires. Malgré les lois du 12 mars et du 8 juillet 1791,
« il semble qu'on ait méconnu parfois les attributions des
« services de la guerre et de la marine. C'est là une atteinte
« à un principe de droit non moins important que celui de la
« séparation des pouvoirs ». (*Op. cit.*, n° 116).

Art. 35. — Nous avons posé dans cette disposition une règle générale dont nous nous sommes efforcé de prévoir toutes les conséquences ; à cet effet nous avons donc procédé à l'énumération des divers produits dont sont susceptibles les biens domaniaux appartenant à l'Etat.

Il était nécessaire, croyons-nous, de donner cette confirmation expresse du principe d'universalité que l'on est assez aisément tenté de négliger. Ainsi donc, en vertu de l'article 38, il sera bien entendu que, comme l'exige, dans la métropole, l'article 16 du décret du 31 mai 1862, il doit être fait recette intégrale des produits du domaine et que, par application de la règle inscrite en l'article 43 du même texte, nul service ne pourra accroître, par aucune ressource extra-budgétaire, les crédits mis à sa disposition.

On remarquera peut-être que, à la différence de la législation indo-chinoise, notre texte ne tient aucun compte des « produits industriels » du domaine (Article 12 de l'arrêté du Gouverneur général de l'Indo-Chine du 15 janvier 1903) et que, dans la nomenclature de l'article 35, il n'est question ni des recettes des chemins de fer, ni du produit de l'exploitation des câbles ; nous estimons, en effet, que les sommes encaissées de ce chef par l'administration, soit directement, soit par l'intermédiaire de compagnies concessionnaires, représentent beaucoup plus la rémunération due au service public qu'un produit à proprement parler des biens mis à sa disposition (Cf. Hauriou, *Op. cit.*, p. 779).

Chapitre II. — Domaine du Gouvernement général.

Art. 36. — Le Gouvernement général qui, depuis la promulgation du décret du 18 octobre 1904, jouit de la personnalité civile par cela même qu'il dispose d'un budget particulier et peut, par suite, acquérir des biens à lui propres, est, d'après notre projet, tenu pour propriétaire, d'une part, de tous les biens acquis sur ses ressources, d'autre part, de tous ceux qui présentent un caractère d'intérêt commun à quelques-unes ou à l'ensemble des colonies du groupe.

C'est en partant de ce principe que nous avons classé dans le domaine public du Gouvernement général :

1° Les rivages de la mer, jusqu'à la limite des plus hautes marées.

Par elle-même, cette première attribution ne saurait guère donner lieu à discussion. Les rivages de la mer sont classés, par tous les auteurs, dans le domaine public ; de cette façon non seulement nous nous maintenons dans la tradition, mais, en outre, nous confirmons des dispositions identiques inscrites aux textes de 1900-1901 et de 1904.

L'expression « jusqu'à la limite des plus hautes marées » consacre également des principes traditionnels : le domaine public s'étend jusqu'au point où parvient le flot le plus élevé, en dehors du flot de tempête.

Enfin l'attribution elle-même, au domaine colonial, des rivages de la mer nous a paru justifiée par l'intérêt d'ordre très général de la navigation, laquelle est assurée principalement grâce aux travaux effectués sur les côtes au moyen des ressources du budget général.

Mais, par contre, nous avons à nous expliquer sur les retranchements que nous faisons subir aux textes en vigueur. L'article 1er des décrets de 1900 et 1901 et l'article 1er également du décret du 23 octobre 1904 classent dans le domaine public, avec les rivages de la mer, une zône littorale de dimension variable (100 m. au Sénégal, — Décret du 20 juillet 1900 ; — 100 m. à la Côte d'Ivoire, — Décret du 20 juillet 1900 ; — 100 m. au Dahomey, — Décret du 5 août 1900 ; — 30 m. en Guinée, — Décret du 24 mars 1901 ; et enfin 100 m. uniformément, dans toute l'Afrique occidentale française, — Décret du 23 octobre 1904, — erratum du 29 décembre 1904) ; en somme, ces textes instituaient légalement, en Afrique, la réserve des *pas du Roi*. Nous n'avons pas cru devoir confirmer une telle mesure, véritable anachronisme et dans l'expression et dans le fait, que nous estimons, à tout le moins, inopportune.

Malgré que la question des *pas du Roi* ou *pas géométriques* ait donné lieu à de nombreuses études et dissertations, il nous faut la reprendre à notre tour, pour la présenter sous ce que nous croyons être son véritable aspect.

L'existence de la zône des *pas du Roi* dans les anciennes colonies, aux Antilles, principalement, et à la Réunion, date évidemment de fort longtemps : les historiens et les juristes le démontrent en invoquant des documents qui remontent aux XVIIe et XVIIIe siècles ; nous nous dispenserons de reproduire ces énumérations (V. Coquet, *Le domaine public colonial*, p. 27, note), mais nous ferons remarquer que, parmi les documents cités, on ne rencontre aucun acte législatif instituant la réserve. Nous n'avons point, d'ailleurs, le mérite de faire une révélation. M. le Conseiller Chambaud, dans un rapport daté, à Saint-Louis, du 4 novembre 1889, sur les opérations de la « Commission des terrains de Dakar », s'exprimait ainsi : « On sait que la zône des 50 pas géométriques « constitue une servitude spéciale à nos colonies. Elle a été « reconnue de tout temps aux Antilles, à Cayenne et à la « Réunion et les ordonnances relatives à ces colonies sont « venues la consacrer. *Il n'y a aucune loi formelle sur la « matière. Ce n'est qu'un usage fixé par les ordonnances et « réglé par des jugements, surtout des jugements* » (Rapp. p. 44).

Au surplus, quel était l'intérêt de cette réserve ? Il est bien difficile de le dire exactement : les motifs que l'on a voulu en chercher dans les documents anciens sont d'une contradiction stupéfiante, à tel point que l'on se demande comment on a pu se résoudre à les énoncer avec autant de complaisance.

D'un côté, il était prescrit d'entretenir ces terres plantées « en bois debout très épais et difficile à percer » (Lettre de M. de Baas du 8 février 1674) ; mais en même temps, on se préoccupait de donner moyen aux capitaines des navires qui viennent « aux Isles d'aller couper du bois dans les cinquante « pas du Roi, pour leur nécessité » (Même lettre).

Cette réserve était encore faite « afin que chacun ait un « passage libre au bord de la mer, car, sans cela, les habi- « tants l'auraient empêché par des clôtures » (Même lettre) ; mais, outre que, comme on l'a vu déjà, la circulation devait y être rendue impossible au moyen de plantations, une ordonnance du 1er mars 1773 prescrivait aux riverains d'y planter, à leurs frais, « chacun en droit soi, des torches, des ra- « quettes et du pingouin ».

Ces terrains devaient donc, en somme, être réservés, sauf attribution à des particuliers de concessions révocables (Lettre du 8 février 1674 et dépêche ministérielle du 3 décembre 1757) ; et cependant un ordre du Roi, du 6 août 1704, révoquait une concession de l'espèce « contraire à l'usage dans « lequel on est, aux Isles, de ne point concéder les cinquante « pas réservés pour le service de S. M. et d'en laisser la jouis- « sance à ceux dont les habitations y confinent... ».

Enfin, dernière cause de réserve, qui n'est rien moins que la négation même de l'intérêt public précédemment invoqué : l'un des objets des cinquante pas était « d'avoir de quoi éta- « blir dans le contour des Isles, les bourgs, paroisses, forts, « etc. etc., nécessaires tant pour leur décoration que pour « leur défense » (Dép. minist. de 1757).

La véritable raison, — c'est une supposition que nous faisons, mais, pour gratuite qu'elle soit, elle n'en est pas moins fort vraisemblable, — pourrait être que, l'usage s'étant établi, au XVIIe siècle principalement, de concéder les îles à des compagnies privilégiées, l'on avait jugé convenable de laisser au Roi, sur le pourtour de ces îles, une bande de terre libre marquant sa propriété souveraine. Nous ne nous dissimulons pas que cette supposition se trouve, dans la réalité, contredite par les chartes mêmes octroyées aux Compagnies, suivant lesquelles le Roi concédait les îles « en toute propriété, sei- « gneurie et justice, ne se réservant autre droit ni devoir que « la seule foi et hommage lige.... » (V. Pauliat, *La politique coloniale sous l'ancien régime*. Charte de la Compagnie des Indes occidentales, 1684, art. 21) ; mais il faut bien reconnaître que cela eût expliqué la dénomination de « pas du Roi » et, en outre, eût répondu, dans une certaine mesure, aux prétentions du pouvoir royal, vers la même époque, qui entendait s'arroger en France même, « les bords et rivages de la mer » (Edit de février 1710), en prenant le mot « ri- « vages » dans un sens différent de celui qu'on lui donne à l'heure actuelle (Barckhausen, *Op. cit.*, n° 11).

Au surplus, dès cette époque, — c'est encore la dépêche de

1757 qui nous le révèle, — « ces terres, dans le commence-« ment de l'établissement des îles, ont paru d'un si petit ob-« jet, qu'on y a fait peu d'attention ».

Nous serions donc, en résumé, tenté de croire que ce n'est que tardivement que l'on se prit à s'intéresser à la réserve des *pas du Roi* ; que, malgré leur origine nuageuse, on persista à vouloir en tenir compte, alors même que l'utilité n'en était rien moins que démontrée ; et que, enfin, petit à petit, on en arriva à donner à cette question une importance telle que l'idée vint d'étendre la réserve à toutes les colonies et que ce projet fut mis à exécution, non sans soulever, on le sait, d'assez vives critiques.

Il est à remarquer, en effet, que, au début du XIXe siècle encore, la réserve n'était observée qu'aux Antilles, à la Réunion et à la Guyanne. Au Sénégal, notamment, elle n'existait pas, ou, tout au moins, elle n'était pas soumise aux règles d'inaliénabilité et d'imprescriptibilité qui l'ont fait classer, de nos jours, dans le domaine public.

Nous avons dit déjà que la notion de domanialité publique est d'origine relativement récente ; que, notamment, elle ne se rencontre ni dans notre vieux droit français, ni même dans les articles du Code civil où Proudhon et ses disciples ont cru la voir inscrite. Par suite, c'est une erreur de conclure que, par le motif que la zône des pas du Roi était inaliénable et imprescriptible, elle faisait d'ores et déjà partie du domaine public : il n'en est rien ; elle était inaliénable et imprescriptible, parce qu'elle faisait partie du domaine royal et cela en vertu du principe général sanctionné par l'édit de février 1566.

Lors de la Restauration, le gouvernement, qui se proposait de faire disparaître de l'histoire de notre pays les années de la Révolution et de l'Empire, n'hésita pas à inscrire, dans les ordonnances organiques des vieilles colonies, la confirmation de cette inaliénabilité de la zône des pas géométriques, que, d'ailleurs, le législateur colonial avait respectée (Cf. Arrêté du capitaine général Decaen, « concernant les réserves des bords de la mer » aux Iles de France et de la Réunion, du 5 mai 1807). Et c'est ainsi que l'on peut lire, aux articles 33 (Ordonnance des 21 août 1825 et 27 août 1828) et 34 (Ordonnance du 9 février 1827) :

« § 5. — Aucune portion des 50 pas géométriques réser-« vés sur le littoral ne peut être ni échangée, ni aliénée ».

Et aux articles 160 (Ordonnance du 21 août 1825), 176

(Ordonnance du 9 février 1827) et 165 (Ordonnance du 27 août 1828) :

« Le Conseil privé connaît, comme Conseil du conten-
« tieux administratif:

« § 9. — Des empiètements sur la réserve des 50 pas géo-
« métriques et sur toute autre propriété publique ».

Rien n'était donc changé à la situation ancienne ; la réserve des *pas géométriques* demeurait inaliénable, au même titre que la réserve des *pas du Roi.* Mais faisait-elle partie du *domaine public,* au sens que nous donnons à cette expression ? Nous répondons négativement, car le *domaine public* n'était pas encore défini.

C'est d'ailleurs peu de temps après que Proudhon publiait son *Traité du domaine public,* qui devait apporter un si notable changement dans cette partie du droit administratif. Or qu'arriva-t-il ? Lorsque, en 1840, le législateur colonial se proposa de doter, à son tour, le Sénégal d'une constitution, il reprit,à l'usage de cette colonie, le texte des actes de la Restauration et s'y conforma dans la mesure où la chose était possible, c'est-à-dire en tenant compte du chemin parcouru depuis cette époque. C'est ainsi que l'article 22 de l'ordonnance du 7 septembre 1840 (correspondant aux articles 33 et 34 des textes de 1825, 1827 et 1828) ne reproduit plus l'ancien paragraphe 5 et que, par contre, l'article 113 (correspondant aux articles 160, 176 et 165 des mêmes textes) mentionne toujours, parmi les matières rentrant dans la compétence du tribunal administratif, la répression des empiètements sur la zône des pas géométriques et sur les autres propriétés domaniales.

Comment doit-on expliquer cette innovation ? Tous les commentateurs ont voulu voir là une erreur du rédacteur : les uns, une omission à l'article 22 ; les autres, une inadvertance à l'article 113, suivant la thèse qu'ils entendaient défendre : existence ou non-existence des pas géométriques. Nous ne pensons pas que l'on doive aussi facilement reprocher au législateur une faute qui n'est nullement établie ; à notre avis, au contraire, c'est sciemment que le rédacteur de l'ordonnance de 1840 a agi de la sorte : il avait entendu, probablement, marquer la distinction récemment faite par Proudhon entre les biens du domaine public et ceux du domaine privé, les premiers étant seuls protégés légalement par la règle d'inaliénabilité instituée en faveur des choses non susceptibles de propriété privée ; et, se plaçant dans l'hypothèse où la réserve des pas du Roi aurait été jadis observée en fait au Sénégal, tout en admettant l'existence possible des droits du domaine sur cette portion du littoral, il se refusait à la déclarer inaliénable, et la classait *ipso facto,* et en tant que besoin était, dans le domaine privé. Dès lors on s'explique facilement que l'article 113 ait pu, sans aucune inconséquence, soumettre cette propriété domaniale, comme toute autre « propriété publique », à la juridiction administrative ; c'était là, — nous l'avons déjà dit, — l'application pure et simple de la règle posée par la loi du 28 pluviôse an VIII, en ce qui concerne le « contentieux des domaines nationaux ».

Voudrait-on objecter encore qu'il y avait quelque hardiesse à proclamer implicitement les droits du domaine sur les terres situées le long du littoral ? Mais il nous suffira de répondre que toutes nos possessions à la Côte d'Afrique, — en somme bien restreintes à cette époque, — nous provenaient de cessions consenties par des chefs indigènes et comportant abandon simultané de la souveraineté et de la propriété (Acquisition de l'Ile St-Louis, Conquête de l'Ile de Gorée. Traité de cession de la presqu'île du Cap Vert de 1765, Traité de cession des terres du Oualo de 1819) ; que, par suite, non seulement les abords immédiats du littoral, mais encore tous les terrains acquis étaient domaniaux.

Ainsi donc, — et bien que le législateur colonial ait manifesté encore, vers la même époque, des hésitations sur la doctrine à adopter (Comparer Ordonnance organique de Saint-Pierre et Miquelon du 18 septembre 1844, article 18 conforme à l'article 22 de l'ordonnance du 7 septembre 1840, et Ordonnance relative aux concessions de terres à Mayotte du 21 octobre 1845, article 2 déclarant le littoral des îles inaliénable sur une profondeur de 80 mètres), — il est constant que, au Sénégal, l'inaliénabilité de la zône des pas géométriques n'avait pas été instituée (Cf. Dislère, *Traité de législation coloniale*, n° 886 *bis* ; Garnier, *Op. cit.*, p. 44 ; Imbart de la Tour, *Op. cit.*, p. 42).

Plus tard, cependant, et par une méconnaissance inexcusable de l'acte fondamental, on en vint à faire état d'une prohibition non inscrite dans la loi ; les actes élaborés sous l'empire de cette conception inexacte de la situation vraie contiennent en eux-mêmes, d'ailleurs, la preuve de l'incertitude qui régnait sur la matière : tandis que l'arrêté du 1er juillet 1862 établissait une réglementation spéciale pour l'entretien des immeubles édifiés sur la zône de *81 mètres,* le contrat de concession à la Mission catholique d'un terrain au Sine Saloum, du 19 mars 1863, mentionnait la réserve « ordinaire » de *40 mètres* et les arrêtés locaux des 26 septembre 1864 et 15 février 1866 réduisaient à *40* puis à *20 mètres*, la zône réservée dans l'intérieur de la ville de Rufisque.

Aussi lorsque le décret du 20 juillet 1900 vint classer expressément dans le domaine public une « zône de 100 mè« tres à partir de la limite des plus hautes marées » (Article 1er *a*), le législateur dut reconnaître que c'était là une innovation et que les droits acquis antérieurement, sur l'étendue de la réserve, par des tiers, devaient être respectés (Art. 9).

Cette modification à un état de choses qui avait toujours existé était-elle nécessaire ? Telle est la question que nous avons dû examiner avant d'arrêter les termes de notre avant-projet et nous l'avons résolue négativement. Nous dirons même que nous avons acquis la conviction que le classement de la zône des pas géométriques était non seulement inutile, mais encore antijuridique, d'une part, et, d'autre part, préjudiciable à l'intérêt général.

Que représente, en effet, à quel besoin répond la zône des pas géométriques ? On ne saurait, — nous croyons l'avoir suffisamment démontré, en exposant la contradiction flagrante des motifs invoqués, — leur reconnaître une utilité actuelle, en dehors peut-être de la facilité qu'elle donne pour la circulation le long du rivage. Mais soit que l'on veuille y voir un emplacement susceptible de recevoir des travaux de défense ou de permettre l'établissement de centres urbains, soit que l'on admette que la zône peut, à un moment donné, servir au passage de lignes ferrées (V. Garnier, *Op. cit.*, p. 46 ; Imbart de la Tour, *Op. cit.*, p. 49) ou aux opérations des forces chargées de la défense de la colonie (Chambaud, Rapp. précité, p. 46), encore bien que ces deux dernières raisons soulèvent de sérieuses critiques, le voisinage de la mer étant fort préjudiciable aux locomotives et aux traverses métalliques des chemins de fer (Cf. Rapport Bourrat, *Sur les chemins de fer des colonies*, Budget de l'exercice 1905, pp. 33, 139. 140) et, à un autre point de vue, la question de domanialité du terrain où se déroule une action militaire ayant peu d'importance pour les combattants, — il faut reconnaître qu'il s'agit, en réalité, d'une simple réserve, en vue d'une utilisation éventuelle. « En somme », dit M. Coquet, (*Le domaine public colonial*, p. 32), « le nom de ré« serve, souvent donné à cette zône, est justifié : le roi la « conserve pour son service et il est seul juge de la destina« tion à lui donner ».

Or le classement d'une chose dans le domaine public ne se justifie que par son utilité actuelle ; en effet, classer une portion de territoire, c'est la soustraire à la circulation, la faire sortir du commerce et par suite diminuer d'autant les sources de richesse d'une région, si cette mesure n'a pas pour objet de procurer un avantage correspondant ; et cela est particulièrement exact en ce qui concerne les abords immédiats du littoral. Aussi a-t-on toujours refusé d'admettre qu'un terrain réservé en vue d'un travail à venir pût être protégé par voie d'incorporation au domaine public ; c'est ce qui a été décidé, notamment, en matière de chemins de fer, pour les parcelles acquises le long des voies, en prévision d'une extension future de la circulation (V. R. de Récy, *Op. cit.*, n° 359). N'avons-nous pas vu déjà d'ailleurs, qu'en matière de domaine public artificiel, le classement ne peut avoir lieu qu'après l'appropriation du terrain à sa destination d'utilité publique, de telle façon que l'on ne pourrait considérer comme dépendance du domaine public l'emplacement affecté à l'établissement d'un ouvrage de fortification, d'une route, d'une voie ferrée en construction ? On ne saurait, en bonne logique, agir différemment alors qu'il s'agit d'un emplacement simplement réservé pour l'établissement éventuel de l'un quelconque de ces travaux, sans même avoir l'assurance qu'ils seront jamais entrepris. Il n'est donc pas juridique de faire entrer dans le domaine public des biens qui n'ont, au moins actuellement, aucune raison d'y figurer.

Il est, en outre, avons-nous dit, préjudiciable à l'intérêt général de prononcer ce classement.

Il ne faut pas se dissimuler, d'abord, que le classement est opposable à l'Etat comme aux particuliers et que l'administration se trouve elle-même totalement empêchée de faire usage de la zône littorale, en cas de conservation des pas géométriques, pour des installations ne répondant pas à des besoins d'utilité publique, destinées par exemple simplement à des services publics, comme l'entendent certains auteurs qui veulent y voir établir les hôtels des divers services de l'administration (V. Chambaud, Rapp. précité, p. 44) ; nous sommes en désaccord non moins évident avec l'usage ancien qui voulait que l'on fondât sur la réserve des pas du Roi les centres urbains, « bourgs, paroisses, etc. ».

Le résultat inévitable serait donc de soustraire à l'industrie de l'homme l'une des parties du territoire les plus propres, grâce à leur proximité de la mer et aux commodités qui en découlent, à une utilisation productive. C'est, d'ailleurs, ce que le Département avait, il y a quelque quinze ans, très formellement reconnu, lorsque, répondant à des demandes des Gouverneurs des colonies de Diégo-Suarez et d'Obock, il faisait observer à ces hauts fonctionnaires qu' « il n'y a(vait) pas lieu « d'établir la réserve des cinquante pas géométriques et de « rendre indisponibles les terrains qui, par leur voisinage « de la mer, sont les plus précieux pour le commerce et l'in- « dustrie ». (Cf. E. Petit, *Op. cit.*, tome II, p. 93).

Et la preuve la plus évidente que cette réserve (qui avait pu autrefois avoir sa raison d'être, si l'on accepte surtout de voir dans l'institution des cinquante pas du Roi la manifestation de la survivance du droit du Souverain sur les îles concédées) a été jugée préjudiciable à l'intérêt même des colonies, c'est que l'on s'est efforcé progressivement d'en libérer nos vieilles possessions ; faut-il rappeler que les terrains situés dans l'étendue de la réserve ont été rendus aliénables, dans bien des cas, à la Guadeloupe (Décret du 21 mars 1882), à la Martinique (Décret du 4 juin 1887), à la Guyane (Décret du 15 septembre 1901), et que la réserve elle-même a été complètement supprimée, en Nouvelle-Calédonie, dans le périmètre communal de Nouméa (Décret du 18 juin 1890) ?

Dans nos colonies de l'Ouest africain, elle présente plus d'inconvénients qu'ailleurs, peut-être, par ce fait que le classement régulier n'en a été prononcé que tout récemment (au moment précis où on tendait à la faire disparaître sur d'autres points de l'empire colonial français !), qu'ainsi les dérogations à la règle générale y sont plus nombreuses par suite de l'existence de droits privés constitués de longue date et qu'il faut nécessairement respecter. Aussi les Gouvernements locaux n'ont-ils pas tardé, à la suite de la mise en vigueur des décrets de 1900 et 1901, à s'émouvoir d'une situation compliquée par la difficulté de reconnaître parfois les droits régulièrement acquis et l'impuissance à en conférer de semblables à des colons nouveaux cependant dignes d'intérêt ; successivement, l'administration du Sénégal, celle de la Guinée, celle de la Côte-d'Ivoire, ont demandé le déclassement, la première, de quelques parcelles isolées, la seconde, de toute la partie de la zône située dans le périmètre de la commune de Conakry, la troisième enfin, de toute la partie comprise dans l'enceinte actuelle des localités d'Assinie, Grand-Bassam, Jacqueville, Lahou, Fresco et Sassandra, en prévoyant même que le déclassement devra être étendu à la presque totalité du littoral.

C'est là évidemment l'indication la plus précise, la plus

nette, que l'institution des pas géométriques n'avait pas sa raison d'être en Afrique occidentale.

Nous ne sommes point seul, du reste, à en critiquer l'extension à toutes nos possessions indistinctement et principalement à celles qui font partie d'un vaste continent, comme l'Asie ou l'Afrique. M. Schreiner, auteur d'une *Etude sur la question de la propriété foncière en Cochinchine* (Bulletin de la Société des études indo-chinoises de Saïgon, n° 43, 1902), formule à ce sujet une appréciation sévère pour le législateur colonial :

« On ne comprend pas l'application à la Cochinchine, « dont le développement côtier est à peu près égal à celui de « notre littoral méditerranéen, d'ordonnances et d'édits « royaux, d'il y a deux ou trois siècles, qui n'ont eu en vue « que des îles dont la plus grande n'égale pas le tiers du dé- « partement de la Corse. Il faut croire que l'inspirateur de « l'arrêté de 1874 était ou le type le plus parfait du fonction- « naire tracassier, étroit de vue et d'esprit, ou un simple « ignorant.... La réserve ne devait et ne pouvait pratique- « ment s'appliquer qu'à des côtes de peu d'étendue et sur- « tout d'un certain relief, tel que c'est le cas aux Antilles et « à la Réunion. Mais comme le besoin d'assimiler est notre « moindre défaut, vite il a fallu appliquer le système à la « Guyane, au Sénégal, à la Cochinchine, où la côte, sur des « centaines de kilomètres est si basse que l'eau, jusque fort « avant dans l'intérieur des terres, reste salée ou saumâ- « tre et que les grandes marées inondent parfois d'énormes « étendues de territoires. Là, avec la meilleure volonté du « monde, il est impossible de préciser l'endroit où la mer « finit et la terre ferme commence. Décréter dans ces condi- « tions la réserve des cinquante pas géométriques est la der- « nière des absurdités. Il ne faut jamais avoir vu ces côtes « de palétuviers et de forêts particulières aux eaux saumâ- « tres pour venir parler d'une bande de terrain régulière à « réserver.

« Certes, il est utile de faire des réserves, mais dans des « régions et sur des points déterminés. Il appartient aux ser- « vices compétents (génie, marine, douanes, administration « provinciale, etc.), de désigner et de délimiter les réserves « de telle sorte qu'il n'y ait aucun malentendu possible. « Mais, de grâce, faisons les choses avec un peu de bon sens « et n'oublions pas le bon public ». (Cité par M. Coquet, *Le domaine public colonial,* p. 91).

Cette dernière observation surtout, au sujet des réserves

spéciales à faire avec précision, mérite d'être retenue ; elle corrobore d'ailleurs exactement les indications données par le Ministre aux Gouverneurs de Diégo-Suarez et d'Obock dans les instructions auxquelles nous faisions allusion, il y a un instant :

« C'est à vous », lit-on dans la dépêche adressée au Gouverneur de Diégo, « à déclarer réservées pour l'Etat les par-« celles nécessaires à l'établissement des services civils et « militaires ».

Il va sans dire que les parcelles ainsi réservées feraient partie du domaine privé et pourraient, jusqu'à l'exécution des travaux prévus, être, par exemple, données en location à des particuliers.

Nous ajouterons, pour en finir avec cette question des *pas du Roi*, que, pour donner satisfaction au seul besoin d'intérêt général que l'on puisse invoquer en faveur de l'établissement d'une zône de domaine public le long du rivage, à savoir les commodités de la circulation en vue de l'exercice, par les particuliers, et de la surveillance, par l'administration, de la navigation et de la pêche maritime, nous proposons, à l'article 37, l'établissement d'une servitude de passage que l'on estimera sans doute suffisante pour le résultat à obtenir.

2° Les cours d'eau navigables rattachés au réseau général des voies de communication intercoloniales et leurs dépendances.

C'est en s'appuyant sur une interprétation discutée de l'ordonnance de 1825 que les auteurs, d'une façon générale, reconnaissent aux colonies la propriété des cours d'eau (Cf. Hauriou, *Op. cit.*, p. 611). Nous invoquons, en ce qui nous concerne, des motifs d'ordre tout différent pour arriver à une conclusion identique : nous envisageons surtout pour opérer la répartition du domaine public naturel, l'utilité que l'on en peut tirer. Au même titre que les rivages de la mer, dont le rôle est considérable au point de vue de la navigation, il est évident que les cours d'eau, qui constituent des voies de communication naturelles intéressent plus particulièrement les habitants des colonies. Partant de cette considération initiale, il nous a semblé qu'il convenait de faire entrer à leur tour, dans le domaine du Gouvernement général, les cours d'eau navigables qui assurent les communications entre plusieurs colonies et de maintenir, en revanche, tous les autres, qu'ils soient ou non navigables, dans le domaine respectif des colonies qu'ils arrosent.

Cette solution s'impose en quelque sorte, car les cours

d'eau de la première catégorie sont appelés, dans une certaine mesure, à former avec les voies ferrées en exploitation, en construction ou en projet, un réseau d'ensemble reliant entre eux les points extrêmes des territoires relevant du Gouvernement général et à participer, dans ce but, à la répartition des sommes dépensées par le budget général pour établir ou améliorer ce réseau. Le fleuve Sénégal n'est-il point le trait d'union entre la ligne du chemin de fer de Dakar à Saint-Louis (ligne de l'Etat, il est vrai, mais qui, nécessairement, sera rachetée quelque jour par le Gouvernement général) et la ligne de Kayes au Niger ? Et le Niger, à son tour, ne doit-il pas être, pour un temps au moins, la ligne de jonction des voies ferrées partant du Dahomey, de la Côte-d'Ivoire, de la Guinée et du Sénégal ?

« L'objectif qui se présente avec évidence », disait M. le Gouverneur général Roume, dans son discours d'ouverture de la session extraordinaire du Conseil de gouvernement de mai 1906, « consiste à faire partir d'un point convenable-« ment choisi du littoral de chacune des quatre colonies cô-« tières une ligne de pénétration aboutissant au bassin du « Niger. On peut concevoir ensuite que les extrémités de ces « lignes seront réunies ultérieurement par une ligne trans-« versale qui sera la base commune ».

Peut-être pourrait-on, en ce qui concerne le Niger, émettre des objections sur la valeur de l'attribution faite, en présence des termes des articles XXVI et suivants de l'Acte de Berlin du 26 février 1885, dispositions qui constituent l'*Acte de navigation du Niger*. Nous ne pensons pas, toutefois, qu'il y ait incompatibilité absolue entre les termes de l'instrument diplomatique dont s'agit et la proposition d'attribution examinée. Le Gouvernement français a pris l'engagement de se soumettre à certaines obligations et notamment de permettre la libre navigation du Niger dans toute la partie du cours de ce fleuve, de ses affluents, embranchements et issues, qui « sont ou seront sous sa souveraineté ou son pro-« tectorat ». Encore bien qu'un acte du Chef de l'Etat aura fait passer le fleuve dans le domaine d'un organisme administratif subordonné incontestablement à l'Etat, à la charge, d'ailleurs, par celui-là, d'en maintenir l'usage public dans le sens de la destination prévue, la souveraineté n'en reste pas moins à l'Etat français et les droits des puissances qui ont traité avec lui demeurent intacts.

On remarquera peut-être que nous avons modifié la formule courante, généralement employée pour déterminer la limite du lit des cours d'eau ; nous avons emprunté la rédaction nouvelle au décret du 24 mars 1901, sur le domaine public en Guinée française, article 1er, litt. *b* ; elle nous a paru répondre plus exactement aux conditions spéciales des régions auxquelles doit s'appliquer le texte à élaborer.

Enfin nous avons complété ce premier paragraphe de l'énumération des biens du domaine colonial en faisant mention des travaux établis sur le parcours des fleuves, dans l'intérêt de la navigation ; cette addition peut être nécessaire à raison des projets déjà exécutés ou en voie de l'être sur le Sénégal et le Niger.

Par contre, nous avons intentionnellement omis de classer, avec le lit du fleuve, la bande de vingt-cinq mètres sur chaque bord, réservée comme zône de passage par le décret congolais du 8 février 1899 et à son exemple, par les décrets africains de 1900 et 1901 et de 1904.

Nous ferons remarquer que cette nouvelle réserve est encore une création du législateur du Congo. (On pourrait cependant considérer comme un précédent l'usage, d'ailleurs contesté, qui aurait eu cours jadis à la Réunion, de considérer comme dépendance du domaine, le long des cours d'eau, une bande de deux gaulettes ou dix mètres de largeur comptés à partir du sommet de la ravine [Voir Jugt Saint-Pierre (Réunion) 1er mars 1906, *Recueil de législation, de doctrine et de jurisprudence coloniales,* 1906. 3. 135]. Or il est permis de se demander si, étant donné le but dans lequel cette innovation a été réalisée, le classement dans le domaine public n'a pas été le résultat d'une confusion ; dans un récent ouvrage, *L'expansion coloniale au Congo français,* M. Rouget consacre quelques pages aux décrets de février-mars 1899 et, en ce qui concerne spécialement le décret du 8 février, sur le domaine public, il s'exprime en ces termes :

« Le décret du 8 février 1899 constitue le domaine public « au Congo dans des conditions assez analogues à celles de « la métropole et de nos autres colonies ; mais, étant donné le « rôle important que les fleuves et rivières allaient avoir à « jouer dans la mise en valeur du Congo, étant donné qu'il « importait que les bateaux, dans une région privée jusqu'à ce « jour de houille, pussent s'approvisionner facilement en bois « de chauffage, le décret classe dans le domaine public non « seulement les cours d'eau navigables et flottables, mais « encore une zône de passage de 25 m. de largeur sur chaque « rive » (*Op. cit.*, p. 614).

Dans ces conditions, on peut évidemment — et à bon

droit — contester la légitimité de ce classement, car l'usage même qui doit être fait de la zône réservée, mal défini par la dénomination de la « zône de passage », aura pour résultat de faire disparaître progressivement l'utilité même de la réserve et, par voie de conséquence, sa destination d'utilité publique.

Aussi, comme, d'une part, il paraît souverainement illogique de faire entrer dans le domaine public un bien quelconque pour satisfaire temporairement aux besoins non du public, en général, mais de quelques particuliers ; comme, d'autre part, on peut considérer au moins comme une imprudence le fait de favoriser le déboisement des abords des cours d'eau dans les parties où les rives trouvent, en cette végétation, leur principale protection contre les érosions en périodes de crue, nous sommes nettement opposé au maintien de la réserve de la zône de 25 mètres, avec une telle destination.

Que si même le législateur de 1900-1901, bien qu'ayant pris comme modèles les actes de 1899, a eu simplement l'intention de réserver une véritable « zône de passage », nous ne pouvons cependant le suivre davantage, car il n'est pas nécessaire d'immobiliser une bande de terrain aussi large pour permettre la circulation le long de cours d'eau sur lesquels le halage même ne se pratique pas. A un autre point de vue, dans des régions où les terres vagues sont si nombreuses et si étendues, il est bien connu que les cultures se rencontrent surtout dans le voisinage immédiat des cours d'eau et l'application de la réserve d'une bande uniforme de 25 mètres aurait pour résultat inévitable la dépossession de nombreux cultivateurs indigènes, auxquels il serait nécessaire et équitable de payer une indemnité.

On verra, à l'article suivant, que nous proposons, en remplacement de la zône de domaine public non maintenue, une zône de simple servitude cinq fois moins étendue et qui, sans apporter un trouble nouveau aux droits acquis des occupants du sol (car le passage le long des cours d'eau se pratiquait librement dès avant notre arrivée), sera suffisante pour les besoins du public. L'administration conservera, du reste, la faculté d'établir, lorsqu'elle le jugera convenable, des routes ou pistes longeant les fleuves et, à cet effet, elle expropriera (comme elle serait tenue de le faire pour l'établissement de la « zône de passage ») telle étendue qui lui sera nécessaire.

3° Les canaux de navigation, d'irrigation ou de dessèchement et leurs dépendances.

Ces ouvrages ne sont peut-être pas très nombreux à l'heure actuelle ; mais il est prudent de statuer même pour l'avenir, étant donné surtout que la mise en état de navigabilité de certains cours d'eau peut exiger la canalisation partielle de leur lit naturel : or nous avons fait observer, nous avons même formellement édicté (Art. 10, dernier alinéa) que les travaux effectués sur des dépendances du domaine public naturel ont pour effet d'entraîner l'application des dispositions qui régissent le domaine public artificiel.

Quant à la *légitimité du classement* des canaux dans le domaine public, nous la croyons difficilement contestable ; il est bien vrai qu'en France les canaux de navigation sont parfois considérés comme exclus du domaine public ; mais cette opinion est fondée sur des considérations historiques beaucoup plus que juridiques : un grand nombre de canaux et non des moins importants (le canal du Midi n'a été racheté qu'en 1897) ont été ou sont encore en la possession de particuliers. Mais, malgré cela, il est clair que les canaux construits et aménagés, dans un intérêt général, par un organisme administratif répondent pleinement au critérium que nous avons adopté et que, par suite, ils doivent être classés sans discussion.

4° Les ports de commerce.

Ce sont, en somme, les points terminus des routes fluviales ou terrestres ; ils font, à ce titre, pourrait-on dire, partie du réseau établi et leur incorporation dans le domaine de la personne administrative qui les a fondés paraît absolument légitime.

5° Les phares, fanaux et sémaphores et leurs dépendances.

Comme pour presque toutes les dépendances du domaine public artificiel, il est rationnel de les tenir pour propriété de l'organisme qui les a créés.

6° Les voies publiques.

Même observation.

7° Les voies ferrées.

Même observation.

Nous ne reviendrons pas sur les raisons qui nous ont déterminé à fixer les limites de la zône domaniale telles qu'elles l'ont été ; nous les avons déjà exposées à l'occasion de l'article 28.

8° Les lignes télégraphiques et téléphoniques.

Ce classement est unanimement adopté : il répond, d'ailleurs, à une situation de fait indiscutable.

9° Les lignes conductrices d'énergie électrique.

Même observation.

10° Les archives du Gouvernement général et de ses services.

Nous nous sommes expliqué déjà sur la nécessité du classement des archives en général.

A côté de cela, le Gouvernement général reçoit dans son domaine privé :

1° (11°) Les immeubles acquis par lui et les augmentations dont ces immeubles ont été l'objet.

Cette attribution s'explique suffisamment par elle-même ; disons simplement que, faute d'une réglementation antérieure précise, on devra tenir pour acquis régulièrement tous les terrains domaniaux mis à la disposition du Gouvernement général en vue de l'aménagement, à ses frais, de constructions, plantations et installations de toute nature.

Par contre, à l'avenir, le Gouvernement général ne pourra utiliser aux mêmes fins aucune parcelle de terres vacantes, sans l'avoir préalablement reçue à titre de cession de la part de la colonie intéressée dans les formes réglées par l'article 49-8° du présent avant-projet.

2° (12°) Les meubles acquis par le Gouvernement général.

Sans observation.

3° (13°) Certains biens vacants et épaves nommément énumérés.

Le budget général de l'Afrique occidentale française a à supporter, en vertu de l'article 7 du décret du 23 octobre 1904, les dépenses relatives :

5° Au service de la justice française ;

7° Aux frais de perception des recettes qui lui sont attribuées.

Il est alimenté, d'autre part :

1° Par les recettes propres aux services mis à sa charge ;

2° Par le produit des taxes douanières.

C'est en nous appuyant sur ces dispositions, prises à titre d'indication, que nous avons procédé à la répartition entre les divers budgets des recettes faites au titre des épaves et biens vacants. Nous avons attribué au Gouvernement général, pour la part lui revenant :

1° La valeur des objets mobiliers confisqués en vertu de décisions judiciaires et l'action en revendication du prix d'aliénation des objets déposés dans les greffes, — ces confiscations et dépôts se rattachant, en somme, à l'accomplissement de l'œuvre de la justice ;

2° L'action en revendication du prix d'aliénation des objets abandonnés en douane, — cette nature de revenus ayant une analogie assez marquée avec les recettes ordinaires du service des douanes.

On éprouvera peut-être quelque surprise en présence de la rédaction adoptée pour ce dernier alinéa de l'article 36 ; il est indispensable, en effet, de se rendre compte, — et cela en se référant à la législation métropolitaine, que nous proposons d'étendre plus complètement qu'elle ne l'est encore aux colonies de l'Afrique occidentale française, — que, d'une part, les objets dont la confiscation est prononcée par les tribunaux acquièrent immédiatement le caractère de propriété de l'Etat, pour le compte duquel ils sont ultérieurement vendus, mais que, d'autre part, les objets déposés simplement dans les greffes (où ils sont tenus durant un certain temps, à la disposition des ayants droit) ainsi que ceux abandonnés en douane (qui peuvent également être réclamés dans un laps de temps déterminé) sont vendus, à l'expiration du terme fixé, avec consignation provisoire du prix, lequel n'est définitivement acquis à l'Etat qu'à l'expiration du laps de trente ans, dans le premier cas (Ordonnance du 22 février 1829, art. 1er), d'un an, dans le second (Loi du 6-22 août 1791, titre IX, art. 2 à 5).

Dans ces conditions, il était essentiel de bien faire la distinction entre les diverses catégories de biens vacants, le domaine ayant, en certains cas, un droit actuel, dans d'autres, une simple action éventuelle, à exercer.

Nous verrons, à l'occasion de l'article 41, dans quelles conditions devront s'exercer ces droit ou action, en conformité de la dévolution proposée au Gouvernement général, substitué à l'Etat.

Art. 37. — Nous énumérons, dans cet article, les servitudes grevant les fonds riverains du domaine public colonial. Nous retrouvons donc nécessairement quelques-unes des dispositions déjà formulées dans l'article 29 ; mais il en est aussi de nouvelles, notamment celles qui figurent sous les numéros 1°, 2° et 3°.

1° Le long des rivages de la mer, aux lieu et place des *pas du Roi* ou *pas géométriques,* nous proposons d'instituer une servitude de passage, en vue de permettre, à toute heure et à tout venant, le libre accès de la mer, et notamment pour les besoins des services chargés de la surveillance de la côte, au point de vue soit de l'exercice de la pêche, soit de l'exécution des mesures de sauvetage, soit de la répression de la fraude en matière douanière. Ces prévisions paraîtront, à n'en pas douter, suffisantes à tous égards, puisque dans la métropole même, il n'existe pas de texte plus formel. C'est en vertu d'un simple engagement pris par le Ministre des finances à la tribune du Sénat, dans la séance du 22 mars 1897, que « tous les contrats de vente de terrains domaniaux joignant « la mer » contiennent « une clause portant réserve d'un « droit de passage permanent pour le service des douanes « et pour les opérations de sauvetage » et doivent laisser, en outre, « autant que possible, en dehors des périmètres mis « en vente, un espace de terrain suffisant pour permettre, en « tout temps, aux pêcheurs l'accès facile de la grève ». (*J. Off.* Déb Sénat, p. 572 et 573. *Inst. gén. de l'enreg.* n° 2938).

Ainsi donc, en Afrique occidentale française, outre que l'Administration aura toujours la faculté de se conformer aux règles appliquées en France, dans les cas de vente ou de concession de terrains voisins des rivages de la mer, et de réserver tel espace jugé nécessaire à la circulation du public, les propriétés privées déjà constituées se trouveront grevées d'une servitude destinée à sastifaire aux mêmes exigences sur toute l'étendue du littoral.

Notons que, en tant que servitude d'utilité publique, cette réserve se rattache suffisamment au domaine public pour pouvoir bénéficier des dispositions essentiellement favorables qui, inscrites à l'article 113 (n° 9) de l'ordonnance du 7 septembre 1840 et confirmées par l'article 3 du décret du 5 août 1881, soumettent à la compétence du Conseil du contentieux administratif « les empiètements » commis non seulement « sur la réserve des cinquante pas géométriques » mais aussi « sur toute autre propriété publique ». Cette disposition, que quelques-uns ont prétendue reproduite par erreur dans l'ordonnance de 1840, est, d'ailleurs, pleinement confirmée par les termes de l'article 19 de notre avant-projet.

2° Nous avons expliqué, à propos de l'article 36, pour quels motifs nous supprimions la zône de domaine public de vingt-cinq mètres précédemment réservée le long des cours d'eau navigables et nous avons ajouté qu'il sera toujours loisible à l'administration, dans le cas de concessions consenties par elle, de distraire des terres qu'elle se proposera d'aliéner telle portion qu'elle jugera convenable ; par contre, dans le cas où des propriétés se seraient déjà constituées le long des cours d'eau, elles devraient être, en vertu de l'article 37, grevées d'une servitude pour le public, sur une largeur de cinq mètres : nous avons eu occasion de dire que la voie de halage ne présentait aucune utilité dans ces pays, mais il faut que chacun puisse librement accéder aux rives des fleuves et cours d'eau en général. Nous estimons que, réduit aux proportions que nous indiquons, le préjudice causé aux propriétaires des fonds grevés serait de minime importance : « Les propriétaires de ces fonds » (chemins de halage), dit M. Barckhausen, « conservent un droit de jouissance qui « ne laisse pas d'être fort appréciable. Rien n'oblige donc « à leur imposer une dépossession complète qui d'ail- « leurs, serait très coûteuse à l'Etat » (*Op. cit.*, n° 87). Nous pouvons en dire autant en ce qui concerne la servitude proposée ; à la rigueur même, le chiffre de cinq mètres pourrait encore être réduit ; si nous l'avons adopté, cependant, c'est qu'il correspond à l'étendue de la réserve que l'on avait coutume, autrefois, de maintenir dans les actes de concession ou de vente de terrains situés le long des cours d'eau du Sénégal (Voir notamment Actes de vente du 25 mai 1866, de terrains à Richard Toll, déjà cités à propos de l'article 2).

3° Les servitudes que nous proposons d'instituer en ce qui concerne les propriétés limitrophes des voies publiques n'ont rien que de tout à fait normal ; elles existent en France, à de légères différences près, et sont d'une utilité incontestable.

L'obligation de se soumettre à l'alignement résulte de textes anciens (notamment de l'édit de décembre 1607) maintenus en vigueur et complétés par l'article 29, titre I de la loi du 19-22 juillet 1791.

En ce qui concerne la distance à observer pour les plantations, nous avons admis comme règle ce qui en France constitue l'exception : la loi du 9 ventôse an XIII fixe la distance normale à six mètres, mais le préfet peut autoriser la plantation à deux mètres seulement des routes.

Enfin la charge de recevoir le rejet des terres provenant du curage des fossés est imposée aux fonds riverains des routes de la métropole par une série de textes de diverses dates (V. Hauriou, *Op cit.*, p. 629).

4° Nous n'avons rien à ajouter à ce que nous avons dit au sujet des servitudes imposées aux propriétaires voisins des chemins de fer.

5° Quant à celles qui découlent du passage sur une propriété privée d'un fil télégraphique ou téléphonique, outre qu'elles se trouvent prévues spécialement par les décrets de 1900 et 1901 et de 1904, (Art. 3), elle existaient déjà, au

Sénégal, du fait de l'application de la loi du 28 janvier 1885, prononcée par le décret du 10 juin 1887.

Art. 38. — Cet article constitue l'application rationnelle au domaine colonial des dispositions de principe formulées au titre 1er, articles 10 et 11, 22 et 23 du présent avant-projet.

La Commission permanente du Conseil de gouvernement remplissant, en ce qui concerne les services qui dépendent du Gouvernement général, les attributions des Conseils d'administration des colonies, il nous a paru logique de soumettre les questions de l'espèce à son examen.

Par analogie avec ce qui se passe dans la métropole, où les communes cessionnaires des bâtiments militaires, en vertu du décret impérial du 23 avril 1810, ne peuvent faire aucun acte de gestion ou de disposition sans prendre l'autorisation du Ministre de la guerre, nous avons prévu que les actes intéressant les biens du domaine colonial affectés éventuellement aux services de la guerre et de la marine seraient soumis au contre-seing des Chefs de ces services (Rapp. de l'article 40 de l'arrêté indo-chinois du 15 janvier 1903).

Art. 39. — Toutes les prescriptions contenues en cet article 39 s'expliquent d'elles-mêmes, en tenant compte de ce que nous avons déjà dit, soit sur le rôle de la Commission permanente du Conseil de gouvernement, soit sur les pouvoirs spéciaux conférés aux autorités militaires et maritimes, en matière domaniale.

Nous ferons remarquer cependant que c'est en vertu de cette disposition d'une portée générale qu'il appartiendrait à l'autorité administrative de statuer, aux lieu et place du tribunal administratif, sur les demandes en concession de prises d'eau dans les fleuves et rivières classés au domaine public colonial, mais nous n'ajouterons rien à ce que nous avons dit, à ce sujet, en commentant l'article 15.

Art. 40. — Il s'agit là, nous l'avons déjà dit, à propos de l'article 39, d'une ratification pure et simple des actes dressées par des fonctionnaires agissant, en dehors de leurs pouvoirs propres, en vertu d'une délégation expresse.

Art. 41. — Ainsi qu'il résulte de la rédaction adoptée, nous avons simplement étendu aux colonies de l'Afrique occidentale française les dispositions en vigueur dans la métropole, sur le même objet, sauf établissement de règles spéciales nécessaires pour assurer l'attribution au budget général des produits dont l'article 36-13° prononce la dévolution au profit du Gouvernement général.

La difficulté n'était pas grande en ce qui concerne les ventes d'objets mobiliers saisis en vertu d'une décision de justice, le produit pouvant en être versé directement au compte du budget général ; mais la situation était toute différente pour ce qui est des prix de vente d'objets mobiliers déposés dans les greffes ou abandonnés dans les bureaux de douanes. Le montant net des réalisations de l'espèce doit être versé à la Caisse des dépôts et consignations et demeure acquis au Trésor, dans des délais variables, à défaut de revendication des ayants droit dans le même temps.

Il appartiendra donc à l'administration coloniale, attributaire des reliquats de versements disponibles, d'en réclamer, le moment venu, le reversement par la Caisse des dépôts et consignations. Cette procédure est d'une régularité incontestable ; elle a déjà été prévue par la législation coloniale en matière de déshérences : l'article 91 de l'arrêté ministériel du 20 juin 1864 règle le mode de réclamation par le Service local à la Caisse des dépôts des soldes de liquidation des successions ouvertes depuis plus de trente ans et dont les héritiers ne se sont pas fait mettre en possession. Ce précédent paraît de nature à justifier pleinement nos propositions actuelles.

La difficulté ne sera pas grande en ce qui concerne le produit des ventes d'épaves en matière de douanes, le délai de péremption étant assez bref ; mais la question est un peu plus complexe pour le produit des ventes d'épaves provenant des greffes, car le délai accordé aux parties pour présenter leurs demandes en restitution est de trente ans du jour de la vente (Art. 2 de l'ordonnance du 22 février 1829) ; or le versement des fonds à la Caisse des dépôts suit de très près la vente elle-même et, en vertu de l'article 43 de la loi de finances du 16 avril 1895, les sommes non réclamées sont acquises à l'Etat lorsqu'il s'est écoulé trente ans sans qu'aucune réquisition de paiement ait été signifiée depuis le versement. Les droits du budget général se trouveraient donc menacés par l'imminence de la date d'expiration du délai de réclamation ; c'est pour ce motif que nous proposons, en notre alinéa final, de faire, dans le mois qui précède l'échéance de la prescription, la réclamation des sommes disponibles, sauf à voir, — par impossible, — les droits du budget général primés par une revendication, formulée à la dernière heure, du principal ayant droit.

Une révision des comptes de la Caisse des dépôts effectuée de concert entre les préposés de cet établissement aux colonies et les comptables de l'administration locale, dans les derniers mois de chaque année, pour l'année suivante, permettrait d'éviter toute omission.

Enfin, pour être complets, ajoutons que nous nous référons, sans en demander la promulgation, aux articles 2 à 5, titre IX, de la loi douanière du 6-22 août 1791, la jurisprudence de la Cour de cassation la tenant pour applicable au Sénégal, du fait même de son observation constante (Cass. civ. 15 fév. 1878. D. 78.1.129) ; et que nous demandons, par contre, la promulgation de l'ordonnance du 9 juin 1831, laquelle a modifié celle du 22 février 1829, appliquée au Sénégal, en vertu du décret du 6 août 1863.

Art. 42. — Cet article reproduit les dispositions du décret du 1er avril 1906, en reprenant intégralement les modifications apportées par le Département au projet présenté, à cette époque, par le Gouvernement général.

Art. 43. — Cet article comporte une énumération que nous pensons avoir faite complète des produits du domaine du Gouvernement général.

On remarquera peut-être le titre « Produits et revenus des établissements régis ou affermés par le Gouvernement général » ; ces établissements se réduisent, à notre connaissance et pour le moment, à la Station agronomique de Hann.

Il y aurait, à notre sens, intérêt, — et cette mesure ne serait qu'une application régulière de textes en vigueur : Règlement arrêté par les Ministres des Finances et de l'Agriculture le 28 novembre 1837 ; Décret du 20 novembre 1882, art. 193, — à centraliser les recettes de cette nature entre les mains des Receveurs des domaines, comme cela a lieu déjà en Guinée, en vertu d'un arrêté local du 26 janvier 1906.

On remarquera que nous maintenons pleinement la disposition exceptionnelle inscrite aux décrets des 27 mars 1900, 24 décembre 1904 et 26 janvier 1907, dont l'article 3, pour le premier, et l'article 2, pour les deux derniers, attribuent aux budgets particuliers des chemins de fer du Soudan, de la Guinée française et de la Côte d'Ivoire « les produits du do- « maine et des ventes de mobilier » les concernant.

Chapitre III. — Domaine des colonies.

Art. 44. — C'est à chacune des colonies, c'est au domaine local, que doit, à notre sens, aller la grosse part des biens dont nous étudions la dévolution ; ainsi le veut une organisation politique basée sur l'autonomie financière et administrative de chaque établissement.

Nous faisons donc figurer dans le domaine public local :

1° Les cours d'eau, — sans faire état de leur degré de navigabilité, — qui, ne méritant pas d'être rattachés au réseau général des voies de communication internationales, doivent plus particulièrement être utilisés par les habitants de chaque colonie.

Nous ne reviendrons pas sur les explications déjà données au sujet de la fixation de la limite assignée aux cours d'eau et de la suppression de la zône de passage de vingt-cinq mètres le long des cours d'eau navigables.

2° Les sources et puits.

Nous n'avons pas hésité, malgré l'absence de toute disposition analogue dans les décrets de 1900-1901 et de 1904, à classer, avec les sources, les puits naturels ou creusés de main d'homme (mais non ceux établis par les particuliers, pour leur usage personnel, cela se conçoit), dans le domaine public.

A la suite des législateurs algérien et tunisien, nous avons pensé qu'il était indispensable de protéger de cette façon rigoureuse les puits créés ou entretenus dans les régions mauritaniennes et sahariennes, au long des pistes suivies par les caravanes.

Mais nous excluons du domaine local les sources et puits situés dans le périmètre des centres urbains érigés en communes ; nous estimons en effet, que, dans ce dernier cas, c'est dans le domaine public communal qu'il convient de les ranger.

3° Les canaux de tous ordres et les aqueducs.

On remarquera sans doute que les trois premiers articles de la nomenclature des dépendances du domaine public local se rattachent au système hydrographique du pays. C'est que, en réalité, la question du régime des eaux est l'une des plus importantes à régler aux colonies. On a pu voir que, tout récemment, lors de la discussion à la Chambre du budget de l'exercice 1907, M. le Député Chailley, rappelant le mot de M. Jules Duval : « La politique coloniale est une politique d'irrigation », insistait pour que le Gouvernement favorisât le développement, dans nos colonies, notamment en Afrique occidentale, des grands travaux d'irrigation (Chambre, Débats, Sess. extraord. de 1906, pp. 2800 et suiv.). Le classement proposé, aussi étendu que possible, en ce qui concerne les dépendances du domaine constitutives du système hydrographique local, sera de nature à faciliter considérablement, le moment venu, la réalisation du programme tracé par M. Chailley.

4° Les voies publiques ;

5° Les voies ferrées construites au compte des budgets locaux ;

6° Les lignes télégraphiques et téléphoniques de même origine ;

7° Les ouvrages exécutés pour l'utilisation des forces hydrauliques et le transport de l'énergie électrique.

Ces diverses dispositions ont été étudiées à l'occasion de l'établissement du domaine colonial ; il est, dès lors, inutile d'y revenir.

8° Les bâtiments affectés aux cultes, situés hors des centres érigés en communes, qui ne peuvent être revendiqués par aucun groupement jouissant de la personnalité civile.

Cette disposition tend à faciliter la solution de difficultés que ne peut manquer de soulever une situation de fait digne d'attention. A différentes époques, le Gouvernement du Sénégal, plus spécialement, a concédé des terrains en vue de permettre l'édification de bâtiments (églises, temples, mosquées) affectés aux divers cultes, sans se soucier de la capacité juridique des concessionnaires ; on peut citer, comme types du genre :

1° Les arrêtés des 19 septembre 1870 (Concession à la Mission catholique d'un terrain à Rufisque) et 25 mai 1897 (Concession pour l'Eglise de Carabane) ;

2° Les arrêtés des 1er avril 1880 (Concession aux musulmans de Rufisque d'un terrain pour la construction d'une mosquée) et 17 février 1903 (Concession pour construction d'une mosquée à Louga).

Une régularisation s'impose nécessairement et il nous a paru qu'elle ne pouvait s'effectuer que par l'attribution aux colonies (et de préférence aux communes, lorsque la chose est possible) du droit de propriété sur ces biens légalement sans maître, sauf maintien de leur destination, condition qu'il sera aisé de faire respecter, grâce au classement dans le domaine public.

Peut-être trouvera-t-on qu'il est de peu d'intérêt d'innover sur un point que n'ont pas même indiqué les actes législatifs antérieurs et cela au moment précis où le Gouvernement métropolitain, ayant à organiser le régime créé par la séparation des Eglises et de l'Etat, doit demeurer absolument étranger à tout ce qui intéresse la conservation des pratiques cultuelles. Nous croyons, au contraire, que, pour cette raison même et la loi de séparation n'étant pas encore promulguée aux colonies, mais le régime nouveau devant assurément leur être rendu applicable à bref délai, il est du devoir de l'autorité de prendre toutes dispositions utiles pour permettre la transmission régulière du droit à la possession des biens immobiliers affectés aux cultes aux associations, — quelles qu'elles soient, — qui, valablement constituées, assumeront la charge de garantir l'exercice du culte aux fidèles des diverses confessions.

9° Les archives des Gouvernements locaux.

Consécration nouvelle du principe inscrit plus haut.

Dans le domaine privé des colonies, nous classons :

1° (10°) Les biens acquis, édifiés ou aménagés aux frais des budgets locaux.

C'est là une attribution qui s'impose ; on rencontre une disposition toute semblable dans l'article 3 du décret du 3 juillet 1904, sur la répartition du domaine à Madagascar.

2° (11°) Les terres vacantes et sans maître.

La question de l'attribution à l'Etat ou aux colonies des terres vacantes et sans maître est de celles qui, au cours de ces dernières années, ont donné lieu aux discussions les plus nombreuses, aux polémiques les plus vives ; on a accusé l'Etat de vouloir revenir sur une situation acceptée, créée même par lui, et porter, de ce fait, atteinte à des droits acquis, en reprenant, en 1900, ce qu'il avait abandonné en 1825.

Effectivement, dès 1897, par le décret du 10 avril, le pouvoir central manifestait son intention très nette de faire respecter ses droits de propriétaire du domaine, en déclarant que, s'il abandonnait au budget local de la Nouvelle-Calédonie une part des produits domaniaux, c'était à titre de pure libéralité.

Le principe ainsi posé recevait, peu après, une confirmation nouvelle par le décret du 15 novembre 1898, concernant la Guyane, lequel débutait par la formule si souvent reproduite depuis : « Les terres vacantes et sans maître font partie « du domaine de l'Etat » (Art. 1er), mais en attribuant néanmoins les produits de ce domaine au budget local, à titre temporaire.

Enfin, successivement, la même mesure était étendue au Congo (Décret du 8 février 1899), au Sénégal et à la Côte-d'Ivoire (Décrets du 20 juillet 1900), au Dahomey (Décret du 5 août 1900), à la Guinée française (Décret du 24 mars

1901), à Madagascar (Décret du 3 juillet 1904), enfin à toute l'Afrique occidentale française (Décret du 23 octobre 1904).

Doit-on bien considérer cette revendication énergique des droits du domaine national, provoquée, on ne l'ignore pas, par la gestion abusive de certaines administrations locales ou des assemblées élues de certaines colonies, comme un symptôme d'un changement dans les dispositions de la métropole à l'égard de ses colonies ? Nous ne le pensons pas. Il faut bien se persuader, au contraire, que, si cette solution n'a été donnée que dans ces dernières années, c'est que la question ne s'était jamais posée auparavant avec autant de force et cela tout simplement par le motif que, pendant fort longtemps, notre domaine colonial était demeuré limité à des territoires tout à fait exigus (si l'on en excepte la Guyane) et qu'il a fallu l'annexion de l'Ile de Madagascar et des régions encore partiellement inconnues du Congo et de l'Ouest africain pour que la possession des terres vaines et vagues pût faire l'objet de convoitises et, conséquemment, devenir l'enjeu d'une lutte désormais célèbre.

Des preuves d'une valeur difficilement contestable démontrent l'exactitude d'une semblable affirmation, M. Demartial, dans son étude déjà citée, au cours de laquelle les arguments des parties en présence sont développés avec une impartialité remarquable, a soin d'en signaler de très concluantes, en une note de bas de page ; d'une part, lors de la discussion qui eut lieu devant les Chambres, en 1845 et 1846, pas un des adversaires de la thèse gouvernementale ne songea à revendiquer les droits du domaine colonial sur les terres vacantes et le plus irréductible d'entre eux ne trouva d'autre argument à invoquer que la similitude de situation faite aux colonies et aux départements par l'ordonnance de 1825 et le décret de 1811, ce qui exclut précisément les terres vacantes de l'attribution contestée ; d'autre part, M. Delabarre de Nanteuil, l'un des maîtres de la science du droit colonial, maintient dans les éditions successives de son traité de la *Législation de l'Ile de la Réunion* l'affirmation suivante: « Font partie du domaine de l'Etat.... les terres vacantes et « sans maître ». (V. Demartial, *Op. cit.*, p. 111, note 1).

Ainsi donc, bien avant les décrets de 1897 et années suivantes, il était admis que les terres vacantes et sans maître faisaient partie du patrimoine national ; seulement, étant donné leur peu d'importance avant la reconstitution de notre empire colonial, on n'y attachait aucune attention, de telle sorte que des opinions erronées avaient parfaitement pu s'établir à leur sujet.

A l'heure actuelle, la situation est infiniment plus nette ; l'Etat, dont le but n'était point de se faire « attribuer les pro« duits du domaine (une goutte d'eau dans le budget !) », mais « d'enlever aux assemblées locales le droit de disposer « de ce domaine » (A. Girault, *Op. cit.*, tome II, n° 220), fait reconnaître son droit de propriété sur les terres vacantes et laisse aux colonies le soin d'en recueillir les produits.

C'est là une solution qui, dans une certaine mesure, donne satisfaction aux administrations coloniales ; mais elle ne présente point, somme toute, des mérites tellement incontestables, qu'il faille, de toute nécessité, s'y rallier. M. Coquet, dans son étude sur l'*Attribution du domaine dans les colonies françaises*, ne l'approuve qu'avec grande réserve :

« ... Pour les terres vacantes », écrit-il, « c'est-à-dire « pour la plus grande partie du domaine privé, une division « matérielle, un partage territorial entre la Colonie et l'Etat « est inacceptable: Ces biens ont un rôle économique iden« tique ; ils sont destinés à être exploités, à produire des « revenus ou à être aliénés dans l'intérêt de la colonisation. « On ne peut les classer en biens d'intérêt général et biens « d'intérêt local et les séparer en deux patrimoines distincts..

« Il faut donc diviser les attributions, car ni la colonie, « ni l'Etat ne doivent disposer librement et exclusivement « du domaine. La première ne se préoccuperait pas assez « sans doute des intérêts généraux, bien que la nation — et « les partisans de l'Etat ont raison sur ce point, — soit inté« ressée tout entière à l'œuvre et aux progrès de la colonisa« tion. L'expérience du passé n'est pas très favorable aux « colonies ; tous les auteurs signalent les abus commis dans « la gestion du domaine, par exemple en Guyane, par des « Conseils généraux asservis aux influences locales. L'Etat « doit se réserver un droit de surveillance et de contrôle sur « l'emploi du domaine et l'aliénation des terres. Mais, à l'in« verse, il serait injuste de priver la colonie de tout droit sur « le domaine. Elle est la première intéressée à l'établissement « de colons ; la mise en valeur du domaine est le principal « élément de sa prospérité. Les recettes domaniales, pré« cieuses dans un pays neuf où l'impôt, faute de contribua« bles et de richesse acquise, est peu productif, permettent « d'entreprendre les premiers travaux d'utilité publique. « Elles sont absolument nécessaires à la colonie et l'Etat, « même propriétaire, ne peut les garder : il les abandonnera

« au budget local pour les dépenses de la colonisation ou,
« s'il les perçoit, les restituera sous une autre forme, en aug-
« mentant la subvention qu'il lui verse. D'ailleurs, l'inscrip-
« tion de recettes du domaine colonial au budget de l'Etat
« est peu conforme à nos principes fiscaux, à la politique
« d'autonomie financière d'après laquelle les colonies doivent
« subvenir à leurs dépenses particulières avec leurs propres
« ressources.

« En somme, l'Etat tient au contrôle et la colonie aux re-
« cettes. Et, puisqu'ils peuvent surveiller ou percevoir sans
« être possesseurs du domaine, la question de propriété ap-
« paraît comme accessoire. La solution actuelle, d'après
« laquelle l'Etat, propriétaire, abandonne à la colonie les
« ressources domaniales est donc à peu près acceptable ».
(*L'attribution du domaine dans les colonies françaises*, p. 60).

Mais, sans nous placer au point de vue de la théorie pure, sans avoir la prétention de régler la question de principe pour toutes les colonies françaises, nous demanderons que l'on revienne sur les dispositions des décrets de 1900 et 1901 et de 1904 et que l'on attribue franchement les terres vacantes au domaine local, dans l'étendue du Gouvernement général de l'Afrique occidentale française.

Ces établissements se trouvent, en effet, dans une situation bien différente de celle qui a provoqué, de la part du pouvoir central, l'adoption des mesures de défense ou de protection que l'on sait, en Nouvelle-Calédonie et à la Guyane. Tandis que, dans ces deux colonies, tous les actes de l'administration sont soumis au contrôle du Conseil général, une seule des cinq colonies qui constituent le groupe de l'Afrique occidentale française, le Sénégal, est dotée d'une assemblée élue et encore les pouvoirs de celle-ci se trouvent-ils limités, dans la colonie même, aux seuls territoires d'administration directe. Aussi, sans même faire prématurément état d'une modification possible des attributions du Conseil général du Sénégal, on peut d'ores et déjà affirmer que la remise des terres vacantes et sans maître aux colonies ne saurait entraîner aucune des graves conséquences que l'on semble redouter.

Diverses raisons, au surplus, militent en faveur de cette réforme.

Tout d'abord il faut observer que l'ordonnance du 17 août 1825 visait nommément le Sénégal ; que le défaut de promulgation de ce texte, qui le prive incontestablement de toute valeur légale dans la colonie, a pu être involontaire ; qu'enfin, s'il est peu probable que le législateur ait songé, à cette époque, à transférer aux colonies la propriété des terres vacantes, c'est que, — comme nous l'avons dit, — il n'en existait pour ainsi dire pas, mais que l'intention de constituer un domaine propre à chaque établissement autonome n'en était pas moins certaine ; et, de ces considérations, on est amené à déduire que l'adoption de nos propositions équivaudrait à l'exécution, — bien tardive, on doit l'avouer, — d'engagements pris, voilà quatre-vingts ans, par le Gouvernement métropolitain .

En second lieu, le groupe de l'Afrique occidentale occupe, dans l'empire colonial français, une place tout à fait à part : on ne saurait l'assimiler à aucun de nos autres établissements et sa physionomie toute spéciale est due précisément aux immenses territoires sans maître qui occupent la majeure partie de sa superficie. Est-il possible, dans de telles conditions, alors que l'avenir de la colonie réside uniquement dans la mise en valeur judicieuse de ces territoires, de lui en refuser la propriété ?

Enfin la reconnaissance du droit de propriété de l'Etat sur les terres vacantes et sans maître des colonies emporte, comme contre-partie nécessaire, nous l'avons vu, l'attribution à ces dernières, à titre de subvention, des produits à provenir de la location et de la vente de ces terres. Or, on conviendra qu'il y a quelque injustice à donner à une colonie l'apparence d'obligée de la métropole, alors que chaque année voit s'accroître le chiffre de la contribution versée par elle au budget national.

C'est donc, nous insistons sur ce point, pour des raisons tout à fait indépendantes de la question de principe que nous réclamons pour l'Afrique occidentale française la modification de la législation existante.

Est-ce à dire que nous ne nous croyons point tenus de donner satisfaction aux légitimes prétentions du pouvoir central ? Nullement, et l'on se rendra compte, à la lecture de nos propositions subséquentes, des dispositions que nous avons prises à cet égard. Par l'article 49 de notre avant-projet, nous rétablissons, pour toute aliénation, en pleine propriété ou en simple jouissance, de lots d'une superficie supérieure à deux cents hectares, le contrôle qu'avait institué l'ordonnance du 17 août 1825, et qu'avait fait disparaître le décret du 4 février 1879. C'est là la solution rationnelle proposée par la généralité des auteurs :

« La seule mesure à prendre c'est donc, pour le gouver-
« nement, d'user de ce droit (de diriger à sa guise l'emploi du
« domaine), et d'abroger les dispositions qui, depuis les or-
« donnances de 1825 et contrairement, il ne faut pas l'ou-
« blier, aux prescriptions formelles de celle du 17 août, ont
« donné aux colonies le droit de disposer du domaine sans
« autorisation, ni contrôle. Ce qu'il faut réformer ce ne sont
« pas les ordonnances de 1825, ce sont les attributions des
« conseils généraux. Voilà la vraie solution des difficultés
« présentes. (Demartial, *Op. cit.*, p. 119. Conf. Garnier, *Op. cit.*, p. 84 et suiv.).

Ajoutons, pour en finir avec cette question, qu'il nous serait difficile de faire une proposition différente. L'un des principaux arguments que l'on a constamment mis en avant en faveur du droit des colonies à la propriété des terres vacantes et sans maître n'est-elle pas la note préliminaire inscrite en tête de l'inventaire des propriétés de l'Etat dressé, en 1875, par la Direction générale des domaines : « Il « n'existe pas, dans les colonies, de propriétés appartenant à « l'Etat et non affectées à des services publics, ces immeu- « bles, et notamment les bois et forêts, dépendent du do- « maine colonial ». (V. Demartial, *Op. cit.*, p. 102, note 2. Cudenet, *La question du domaine en Nouvelle-Calédonie et dans les autres colonies,* Tribune des colonies, 1894, II, 231) ?

Peut-être trouvera-t-on que nous laissons de côté un des points de la question, en ce sens que nous ne prévoyons rien relativement à l'emploi des ressources fournies par le domaine. Depuis dix ans, le législateur colonial a pris coutume, tout en attribuant aux budgets locaux les produits du domaine de l'Etat, de spécifier l'affectation à donner à ces sommes, lesquelles doivent figurer à un compte spécial pour le règlement des dépenses dites de colonisation. Les décrets de 1900 et 1901, pour les quatre colonies côtières de l'Afrique occidentale française, étaient établis sur le type commun et, d'après leurs prescriptions, les titres de dépenses à inscrire au compte spécial étaient d'une variété telle que la disproportion était évidente entre les deux termes à balancer, actif et passif.

Les colonies de l'Afrique occidentale française ne sont point, nous le répétons, des colonies de peuplement : la colonisation doit s'y faire par l'indigène, à peu près exclusivement ; mais il va de soi que l'attribution des lots de terres vacantes à cette catégorie de colons ne peut donner ouverture à des recettes bien élevées ; par contre les dépenses à engager pour les seuls travaux publics doivent être considérables. Le compte prévu ne pouvait donc, avec un actif nécessairement inférieur, et de beaucoup, au passif, être établi utilement ; il valait mieux le faire disparaître : c'est ce qu'a décidé le décret du 23 octobre 1904 ; nous ne pensons pas qu'il convienne de modifier aujourd'hui les dispositions de cet acte.

Il ne s'ensuit pas, d'ailleurs, que la colonisation sera privée de l'appoint fourni par les recettes domaniales : d'une part, en effet, cette œuvre recevra toujours, et nécessairement, dans chaque budget, une dotation supérieure aux produits du domaine ; d'autre part, le contrôle du pouvoir central aura amplement occasion de s'exercer, grâce à la procédure en vigueur pour l'approbation des budgets annuels du Gouvernement général et des cinq colonies.

3° (12°) Les terrains conquis naturellement ou artificiellement sur la mer.

Cette attribution s'explique d'elle-même, puisque les terrains visés, au moment de leur déclassement (sauf, bien entendu, le cas où les travaux qui l'ont provoqué ont été effectués par des concessionnaires dûment autorisés), n'appartiennent encore à personne : ils reviennent donc à la colonie, au même titre que les terres vacantes et sans maître.

4° (13°) Les îles qui se forment dans le lit des cours d'eau.

On sait, — et l'on a vu, une fois de plus, il y a quelques instants, — que tous les cours d'eau de l'Afrique occidentale française sont classés dans le domaine public, qu'ils soient ou non navigables ; il s'ensuit qu'il est logique d'appliquer à leurs dépendances le régime des dépendances des cours d'eau navigables de France, c'est-à-dire, en ce cas, l'article 560 du Code civil.

La même disposition se retrouve dans la loi tunisienne du 1er-5 juillet 1885, art. 72, et dans le décret du 16 juillet 1897, sur le régime de la propriété foncière à Madagascar, art. 52.

Toutefois au droit de l'Etat, nous substituons, cette fois encore, le droit de la colonie.

5° (14°) Les successions vacantes et les biens d'absents.

Il est assez couramment admis que les successions vacantes et les biens d'absents échoient aux colonies elles-mêmes :

« Les successions non réclamées », lit-on aux *Pandectes françaises, v° Colonies,* n° 1904, « profitent au domaine local. ».

A notre connaissance, cependant, aucun texte de la législation coloniale ne permet de soutenir une semblable opinion ; le seul, croyons-nous, où il soit question de l'attribution aux budgets locaux des produits des déshérences et biens vacants est l'article 49 du décret du 27 janvier 1855, ainsi conçu :

« Les avances faites aux successions par le fonds de pré-
« voyance sont remboursées au Trésor...

« L'excédent des dépenses sur les recettes, s'il y en a,...
« reste provisoirement et sous toutes réserves de recouvre-
« ment ultérieur, à la charge de la caisse coloniale, *qui pro-*
« *fite de la déshérence* ».

Nous confirmons donc un usage constamment observé en attribuant au domaine local les successions vacantes et les biens d'absents.

6° (15°) Les biens meubles acquis au compte des budgets locaux ;

Enfin 7° (16°) Les biens sans maître et épaves diverses dont l'attribution n'a été faite ni à l'Etat, ni au Gouvernement général, par les art. 28 et 36.

Tous les objets énumérés sous cette rubrique sont soumis à un mode de gestion déterminé par des dispositions expresses de la loi métropolitaine, dont quelques-unes, d'ailleurs, sont applicables en Afrique occidentale ; ainsi qu'on le verra à l'occasion de la discussion de l'article 50, nous demandons que la même mesure soit prise à l'égard de ceux de ces textes qui n'ont pas encore été promulgués dans l'ouest africain.

Art. 45. — L'article 45 détermine les servitudes d'utilité publique grevant les fonds riverains du domaine public local; nous y retrouvons plusieurs dispositions déjà connues :

1° Le long des cours d'eau, navigables ou non, nous prévoyons l'imposition d'une servitude de passage sur une largeur de cinq mètres.

Il est assurément superflu de répéter ce que nous avons déjà dit en commentant l'art. 37, au sujet de cette réserve le long des cours d'eau navigables ; mais, en ce qui concerne les cours d'eau non navigables, on pourra constater que nous réduisons de moitié l'étendue de la zône riveraine grevée de la servitude de passage, proprement dite, par l'article 2 des décrets de 1900-1901 et de 1904 ; nous estimons que cette étendue de cinq mètres est suffisante pour assurer le libre accès du public aux cours d'eau, soit pour la pêche, soit pour toute autre cause. Si l'administration, dans certains cas particuliers, la juge trop exigüe, il lui sera toujours loisible d'établir un chemin, avec expropriation préalable des fonds à y incorporer.

Nous insisterons, au surplus, sur ce point que, dans les cas de concession ou d'aliénation de terres domaniales au profit de particuliers, l'administration a toujours la possibilité de réserver le long des cours d'eau telle portion qu'elle jugera nécessaire au public ou à ses services.

2° A l'entour des sources et puits, nous proposons l'établissement d'une zône de protection destinée à garantir les eaux contre les contaminations et, en même temps, contre la sécheresse.

Pour la première partie, nous nous sommes inspiré de l'article 10 de la loi métropolitaine du 15 février 1902, relative à la protection de la santé publique, lequel autorise l'établissement, autour de toute source déclarée d'utilité publique, d' « un périmètre de protection contre la pollution de « ladite source », comportant interdiction « d'épandre sur « les terres comprises dans ce périmètre des engrais humains « et d'y forer des puits sans autorisation » ; le même article permet, en outre, l'application des mêmes dispositions « aux « puits ou galeries fournissant de l'eau potable empruntée à « une nappe souterraine ».

Il est à remarquer que l'article 10 de la loi de 1902 a été reproduit presque textuellement dans le décret du 14 avril 1904, article 7, relatif à la protection de la santé publique dans l'Afrique occidentale française. Mais ce texte ne répond qu'imparfaitement aux nécessités locales ; en effet, il n'est pas nécessaire qu'un arrêté spécial soit pris pour déclarer d'utilité publique le captage de telle ou telle source : en vertu de la législation en vigueur, toutes les sources, sans exception, font partie du domaine public (Art. 1er litt. c. des décrets de 1900 et 1901, reproduit sans modification au décret du 23 octobre 1904) ; il est donc nécessaire de les protéger toutes indistinctement contre une contamination possible et, au lieu d'attendre qu'un arrêté spécial ait autorisé l'acquisition en pleine propriété du périmètre de protection, il semble plus rationnel d'instituer une servitude procurant d'ores et déjà une garantie à peu près équivalente.

Pour la seconde partie, nous nous sommes conformé à un usage très répandu dans nos colonies, qui tend à assurer la conservation, autour des sources, de massifs boisés destinés à en empêcher l'assèchement.

Dans un arrêté local du 11 mai 1880 du Gouverneur de la Nouvelle-Calédonie, on relève (Art. 2, § 1) une disposition qui interdit aux concessionnaires, dans le lot desquels se trouve une source ou un cours d'eau, de « faire aucun défri-« chement ou déboisement aux abords de cette source ou de « ce cours d'eau, jusqu'à 10 mètres ». Coquet, *Le domaine public colonial,* p. 85).

Nous ne pouvons citer les dispositions de même nature qui se rencontrent dans la législation des colonies de la Réunion (Règlement forestier de 1874, de Nosi-Bé, etc., n'ayant pas les textes sous les yeux ; mais nous savons pertinemment qu'elles existent et qu'elles sont observées (Cf. Jugt Saint-Pierre (Réunion), 1er mars 1906, déjà cité).

Nos propositions à cet égard n'ont donc rien que de très justifié, surtout dans des régions telles que nos colonies africaines, où la question d'alimentation en eau joue un rôle si considérable.

Enfin nous retrouvons :

3° Le long des voies publiques ;

4° Le long des voies ferrées ;

5° Sur le parcours des lignes électriques ;

les servitudes déjà mentionnées en d'autres articles de l'avant-projet. Nous nous en tenons à ce que nous avons dit à leur sujet.

Art. 46. — Nous restons d'accord avec les principes précédemment émis ; nous n'aurions donc rien à dire si nous ne devions faire observer que nous respectons les prescriptions du décret du 4 février 1879, instituant un Conseil général au Sénégal et notamment celles qui figurent sous l'article 33 de ce texte, au sujet du contrôle de l'assemblée locale dans les actes de l'espèce.

Art. 47. — Nous n'avons pas d'autres explications à fournir au sujet de l'article 47 que celle que nous venons d'énoncer succintement, à propos de l'intervention du Conseil général dans les actes énoncés à l'article 46.

Art. 48. — Il s'agit là, nous l'avons déjà dit, d'une ratification pure et simple.

Art. 49. — L'article 49 détermine les règles spéciales à observer pour l'attribution des terres vacantes et sans maître en vue de la colonisation.

Nous nous sommes efforcé de concilier les dispositions en vigueur sous l'empire du décret du 23 octobre 1904, dont l'article 11 avait introduit en Afrique occidentale française quelques innovations fort heureuses, avec le régime nouveau qui résulterait de la remise en pleine propriété des terres vacantes et sans maître aux colonies. C'est ainsi notamment que le droit de disposition qui, par suite d'une délégation implicite,avait été,dans certaines limites, conféré tant aux Lieutenants-Gouverneurs (pour les concessions d'une étendue inférieure à deux cents hectares) qu'au Gouverneur général (pour les concessions comprises entre deux cents et deux mille hectares), se trouve appartenir désormais, dans tous les cas, aux Lieutenants-Gouverneurs, mais à la charge toutefois de requérir l'approbation de l'autorité supérieure dès que l'étendue des lots dépasse le chiffre de leur compétence actuelle, à savoir deux cents hectares.

Nous avons encore à faire ressortir quelques particularités de la nouvelle rédaction.

Nous avons tenu d'abord à spécifier que les règles nouvelles devaient s'appliquer à toutes les terres destinées à la colonisation, y compris les forêts, et cela pour tenir compte du principe posé à l'article 24, au sujet de l'aliénation possible des massifs boisés dont le défrichement est jugé nécessaire.

En second lieu, dans la fixation des diverses catégories de concessions en vue de la détermination de l'autorité compétente pour en prononcer l'approbation, nous avons porté l'ancien chiffre de deux mille hectares, à partir duquel l'intervention d'un décret du Chef de l'Etat était précédemment déclarée nécessaire, à celui de cinq mille hectares. C'est là une mesure de décentralisation qui ne semble guère critiquable, si l'on tient compte de cette double considération, à savoir : que la garantie que donne l'approbation du Gouverneur général, fonctionnaire investi d'une mission de haute direction et de contrôle supérieur, est certes des plus sérieuses, et que, dans les autres colonies, le Gouverneur lui-même demeure compétent pour toute concession inférieure à dix mille hectares.

Nous maintenons ensuite la règle si judicieuse du décret de 1904, en vertu de laquelle les conditions à imposer aux concessionnaires de terres domaniales sont réglées d'après les circonstances propres à chaque affaire ; nous distinguons, d'ailleurs, les concessions urbaines et les concessions rurales, car, si le principe qui vient d'être rappelé est pleinement justifié en matière de concessions rurales, il n'en est pas tout à fait de même pour les concessions urbaines et l'on admettra sans peine que, pour un centre donné, les conditions à formuler peuvent être les mêmes pour tous les concessionnaires ou acquéreurs, de telle sorte qu'un cahier des charges unique peut suffire pour tout un lotissement.

Nous modifions quelque peu les conditions de publicité

prévues par l'article 12 du décret de 1904 ; la publicité n'étant faite que pour provoquer la révélation des droits réels ignorés qui pourraient grever les terrains demandés en concession, elle devient inutile pour les immeubles soumis au régime de l'immatriculation, car cette formalité n'a pu être remplie qu'après une enquête sérieuse dont le résultat aura été précisément l'inscription au livre foncier de tous les droits réels existants.

Par suite, aucune aliénation définitive d'un lot domanial ne pouvant avoir lieu sans que l'immeuble ait été préalablement imatriculé, l'enquête administrative n'aura plus lieu que dans le cas de concession de jouissance temporaire précédant une aliénation subordonnée à la mise en valeur du sol.

Enfin nous terminons par une disposition dont l'intérêt est, à notre avis, capital. Etant donné le droit de propriété antérieur de l'Etat sur la totalité des terres vacantes et sans maître il est arrivé que le Gouvernement général, les Colonies ou les communes, ayant à édifier un bâtiment ou à aménager une installation pour un service local, ont disposé de lots de terrain ne leur appartenant à aucun titre ; la situation est donc telle qu'ils se trouvent avoir édifié ou planté sur le terrain d'autrui, ce qui, théoriquement au moins, les expose à toutes les chances d'éviction prévues par le Code civil en pareille matière.

Il va sans dire que l'administration se gardera de soulever des difficultés de cet ordre, mais il n'en est pas moins prudent de prendre des dispositions fermes pour éviter le retour de telles pratiques.

Par l'extension aux personnes administratives des prescriptions relatives au mode de cession des terres domaniales, nous arrivons sans difficulté à la solution désirée. Lorsque l'Etat, le Gouvernement général, une Commune, auront besoin d'un terrain domanial, la cession leur en sera consentie par le Lieutenant-Gouverneur de la colonie intéressée et la remise du lot visé sera faite au service affectataire, après approbation, s'il y a lieu, par l'autorité compétente, d'après la distinction ci-dessus établie.

Ainsi la situation sera nette et les droits de chacun se trouveront solidement garantis.

Art. 50. — Dans l'élaboration de cet article, nous avons dû tenir compte des principes appliqués soit dans la métropole, soit même dans les colonies de l'Afrique occidentale française, en ce qui concerne, par exemple, la vente des objets abandonnés chez les hôteliers (loi du 31 mars 1896) et chez les ouvriers et industriels (lois des 31 décembre 1903 et 7 mars 1905 et décret du 31 mars 1906).

Aussi, dans ces deux cas, avons-nous admis que la vente des objets en question, bien que le prix en puisse être partiellement attribué au Trésor, à titre d'épaves, aura lieu par les soins d'officiers ministériels.

Dans tous les autres cas : vente d'animaux en fourrière, vente d'objets confiés aux entrepreneurs de transport, les agents des domaines seront seuls qualifiés pour y procéder.

Le versement à la Caisse des dépôts du produit de ces ventes n'étant prescrit que dans les procédures réglées par les lois de 1896 et de 1903, et le délai accordé aux intéressés pour procéder au retrait étant limité à deux ans, dans le premier cas, à cinq ans, dans le second, il appartiendra aux agents de l'administration locale de requérir le remboursement des comptes périmés, en vertu de l'attribution prononcée par l'article 44 ; c'est ce que nous avons spécifié dans le dernier alinéa de l'article 50.

Art. 51. — Cet article consacre les dispositions édictées par le décret du 1er avril 1906, telles qu'elles ont été définitivement arrêtées par le Département.

Nous avons simplement tenu compte, dans la rédaction nouvelle, des actes organiques réglant les attributions du Conseil général du Sénégal et des Conseils d'administration des autres colonies.

Il était indispensable de mettre en complet accord des textes destinés à recevoir une application simultanée.

Art. 52. — Nous faisons là encore l'application du principe inscrit en l'article 193 du décret du 20 novembre 1882, en rappelant, d'ailleurs, l'observation que nous avons déjà faite au sujet de la recette des produits des établissements régis ou affermés (Jardins d'essais,écoles professionnelles, etc.)

Chapitre IV. — Domaine des communes.

Art. 53. — L'attribution d'un domaine propre à chacune des communes constituées en Afrique occidentale française, communes de plein exercice, communes mixtes ou communes indigènes,nous paraît d'une nécessité indiscutable.Depuis longtemps déjà le besoin s'en était fait sentir, à telle enseigne que, à diverses reprises, on avait cru devoir soit considérer la question comme résolue, soit proposer de la résoudre par des actes de l'autorité locale. Pour justifier ces affirmations, il nous suffira de rappeler très succinctement quelques faits.

Par un arrêté du 6 mai 1884, le Gouverneur du Sénégal avait déterminé les parts respectives de l'Etat, de la colonie et de la municipalité dans les terrains compris au périmètre de la comune de Saint-Louis, fixé lui-même par le décret du 10 mars 1873 ; mais certaines dispositions de cet acte soulevèrent, de la part du Ministre, des objections telles que l'approbation en fut refusée par dépèche du 5 février 1885, n° 21, avec ordre de reprendre la question sur de nouvelles bases. L'affaire en est toujours restée au même point, depuis vingt ans.

A Rufisque, l'usage s'est établi de considérer comme biens communaux tous les terrains englobés également au périmètre de la commune, tel qu'il a été tracé par le décret du 12 juin 1880, et cela en conformité d'une décision du Conseil général du Sénégal du 6 avril 1881, dont les prescriptions n'ont, du reste, jamais été complètement remplies.

Enfin, plus récemment, le Lieutenant-Gouverneur de la Guinée française a soumis à l'approbation du Gouvernement général un arrêté portant la date du 17 janvier 1905 et contenant répartition des biens du domaine situés sur le territoire de la nouvelle commune entre l'Etat, la Colonie et la commune elle-même : cet acte n'a pu encore, faute des justifications insdispensables sur certains points, être ratifié par le Gouvernement général.

En somme, on se trouve en face d'une situation assez indécise, qui appelle manifestement une prompte solution ; il n'était guère possible d'y songer jusqu'à maintenant, car aucun texte ne conférait, à quelque autorité que ce fût, qualité pour opérer la transmission nécessaire de l'Etat aux communes. Le domaine, en l'absence d'un acte d'abandon formel (nous ne reviendrons pas sur ce que nous avons dit relativement à l'ordonnance de 1825), était plutôt national que colonial et il n'appartenait assurément pas au Conseil général, ni même au gouverneur, non expressément autorisé à cet effet, d'en décider la cession aux communes ; d'autre part, les décrets créant les quatre communes, seules existantes, jusqu'à ces dernières années, ne contenaient aucune disposition relative à ce même objet.

Il n'en irait plus de même au cas d'adoption de notre avant-projet : nous proposons, en effet, de déterminer quelles portions du domaine national, colonial ou local (suivant les distinctions posées au début de l'avant-projet), doivent être abandonnées aux communes et, pour faciliter, dans l'avenir, la constitution des domaines communaux, nous avons déjà prévu, en l'article 49, que de véritables concessions pourraient être faites aux municipalités par les autorités qualifiées à cet effet, d'après l'importance en étendue des lots concédés.

Ces principes admis, nous avons classé dans le domaine public communal :

1° Les sources et puits compris dans le périmètre du territoire communal.

Nous entendons respecter jusqu'au bout la règle de domanialité générale des eaux, si nécessaire en ces pays.

2° Les aqueducs et conduites d'eau.

L'importance capitale de la question d'alimentation en eau des centres urbains dicte elle-même cette mesure

3° La voirie municipale.

C'est là la base même du domaine public communal.

4° Les lignes municipales de tramways;

5° Les réseaux urbains de télégraphes, téléphones, etc.

Le classement de ces dépendances ne saurait soulever d'objections.

6° Les bâtiments affectés aux cultes, édifiés dans le périmètre des communes.

Nous avons déjà expliqué pour quels motifs il nous paraissait opportun de faire ce classement ; il était d'ailleurs tout naturel de conférer la propriété de ces édifices aux communes, dans les cas où la chose est possible, car, non seulement la dévolution est la même dans la métropole, mais encore, au Sénégal déjà, on a remis aux communes la pleine propriété de leurs églises, savoir, à Dakar, par arrêtés des 21 août 1894 et 21 août 1895, à Rufisque, par arrêté du 26 juillet et 21 août 1895. Nous nous conformons donc aux errements antérieurs.

7° Les archives de la commune.

D'autre part, le domaine privé communal devra comprendre :

1° (8°) Les bâtiments et terrains acquis ou édifiés par la commune.

Nous répétons ce que nous avons prévu pour tous les organismes administratifs.

2° (9°) Les terres vacantes et sans maître sises dans le périmètre de la circonscription communale.

Cette attribution est assurément nécessaire, si l'on veut donner à cette constitution des domaines communaux toute sa valeur. Nous ne faisons d'ailleurs que renouveler ce qui a été fait en France par la loi des 28 août-14 septembre 1792.

3° (10°) Les biens meubles acquis sur les fonds des budgets communaux.

Cette dernière attribution se passe de commentaire.

Art. 54. — Nous retrouvons les servitudes déjà énumérées à l'occasion de l'examen des dispositions relatives au domaine des autres organismes administratifs.

Nous n'avons donc aucune indication nouvelle à fournir sur les principes qui nous ont guidé dans l'élaboration de l'article 54.

Art. 55. — Nous n'avons pas cru qu'il fût nécessaire d'entrer dans plus de détails en ce qui concerne les règles de gestion des domaines communaux.

D'une façon générale, les chefs, élus ou nommés, des municipalités sont seuls compétents pour traiter toutes natures d'affaires au nom des communes, sauf à respecter les dispositions des actes organiques (Décrets des 10 août 1872, 10 mars 1873, 12 juin 1880, 26 juin 1884), qui assurent le contrôle exercé par le Gouvernement local.

Nous n'avons rien à y ajouter.

TITRE III.

CONTROLE DU DOMAINE

Art. 56. — L'expression de *Contrôle du domaine*, que nous inscrivons en tête de ce dernier titre de l'avant-projet, ne vise point les droits de surveillance appartenant à l'administration sur les dépendances du domaine, matière qui fait l'objet des dispositions suffisamment explicites et complètes des titres I et II, mais doit s'entendre comme désignation d'un système d'états faisant ressortir, article par article, les biens et objets, tant mobiliers qu'immobiliers, constituant les éléments des divers domaines.

A cet égard, nous nous conformons encore exactement aux principes consacrés par les lois françaises ; la consistance du domaine mobilier de chaque organisme administratif sera, comme le prescrit, dans la métropole, l'article 8 de la loi du 26 juillet 1829, constatée par des inventaires ; celle du domaine immobilier, par des tableaux généraux analogues à ceux dont l'établissement a été ordonné, pour le domaine de l'Etat, en France, à deux reprises différentes, par les lois des 31 janvier 1833, art. 91 (ne visant que les immeubles affectés), et 29 décembre 1873, art. 22.

Bien que, dans la métropole, ces dispositions ne s'appliquent qu'au domaine national, il nous a semblé utile d'en étendre la portée au domaine de chaque organisme administratif existant dans nos colonies de l'ouest africain. On ne saurait contester l'intérêt de cette mesure ; tandis qu'en France, l'existence d'un cadastre général facilite la surveillance du domaine particulier des communes, par exemple, il n'en peut être de même dans les vastes territoires de l'Afrique occidentale française, où le cadastre ne pourra être définitivement établi que dans un avenir assurément fort éloigné; et bien qu'il soit possible aux administrations locales ou municipales de provoquer l'immatriculation des biens qui leur appartiennent en propre, le groupement de ces biens sur des documents d'une consultation simple et d'une mise à jour facile conserve un intérêt de tout premier ordre.

On croira peut-être devoir faire observer que, en ce qui concerne le domaine de l'Etat, nos propositions sont surabondantes, puisque le tableau général dressé en 1875, par l'administration métropolitaine, en exécution de la loi de 1873, comporte deux subdivisions, l'une pour les propriétés sises en France, l'autre pour les propriétés situées hors de France, c'est-à-dire en Algérie, aux colonies et à l'étranger. (Des constatations faites à cette époque et des modifications apportées au cours des quatre années qui suivirent, il résulte qu'à la fin de l'année 1879, l'Etat possédait dans les colonies une valeur totale de 42.527.100 francs, en biens affectés à des services publics. V. Maguéro, *Tableau des propriétés de l'Etat*, n° 5).

A cette objection nous répondrions que, outre que les tableaux de 1875 ne contenaient aucune donnée au sujet des biens non affectés appartenant à l'Etat aux colonies (nous avons rappelé le fait à propos de l'article 44), les prescriptions de la loi de 1873 ne sont plus suivies depuis 1880 et les projets de réformes présentés aux Chambres, à diverses reprises, depuis vingt-cinq ans, n'ont encore reçu aucune solution (V. Maguéro, *Op.* et v° *cit.*, n° 4). Dans ces conditions, l'adoption de notre article 56 aurait pour double conséquence, en ce qui concerne le domaine immobilier de l'Etat, d'une part, d'en révéler l'importance actuelle (considérablement accrue depuis 1880, même en ne considérant que les immeubles affectés), et, d'autre part, de préparer les matériaux d'un travail de révision par l'administration métropolitaine, pour le jour où le Parlement décidera la réforme de la loi de 1873.

Art. 57. — Il était déjà dans les usages de l'administration coloniale de faire procéder, à certaines époques, à l'établissement ou au récolement d'inventaires des objets mobiliers appartenant aux services tant métropolitains que locaux. Ces pratiques ont pour base soit, en ce qui concerne les services de l'État, des circulaires ministérielles (Circ. min. 5 janvier 1850, 9 août 1898), soit, en ce qui concerne les services locaux, des arrêtés des gouverneurs (Ex. : Sénégal, Arr. loc. des 30 septembre 1872 et 29 septembre 1874).

La portée de l'article 57 est ainsi facile à saisir.

Art. 58. — Le procédé des récolements périodiques est suivi régulièrement dans la métropole et son usage est d'une pratique connue, sinon constamment observée aux colonies (Voir à ce sujet la Circ. min. du 9 août 1898).

Il ne s'agit donc point d'une innovation proprement dite, mais d'une simple régularisation.

Art. 59. — Les règles tracées par cet article sont encore établies en conformité absolue avec les principes suivis dans la métropole.

« En principe, les objets mobiliers affectés par l'Etat à « un service public sont placés sous la surveillance exclusive « de l'administration à laquelle ils sont confiés.

« Le domaine n'a point à s'immiscer dans les mesures des- « tinées à assurer la conservation de ces objets ; ces mesures « devront être prises, sous leur responsabilité, par les admi- « nistrations intéressées.

« Il n'existe d'exception à cette règle qu'en ce qui concerne « le mobilier fourni par l'Etat à des fonctionnaires publics, « pour leur usage personnel. En conséquence l'ordonnance « du 3 février 1830 a limité la mission des agents du do- « maine au récolement des meubles servant à l'usage per- « sonnel de ces fonctionnaires. (*Inst. gén. de l'enreg.* numé- « ros 1308, 1390 et 2709) » (Maguéro, *Op. cit.*, v° *Récolement*, n° 4).

Cependant le dernier alinéa de cet article 59, qui admet la compétence des agents du domaine pour tous récolements, à l'exception de ceux qui intéressent le domaine communal, semble en contradiction avec un autre principe de la législation métropolitaine, qui ne reconnaît cette compétence aux mêmes fonctionnaires que pour le mobilier appartenant à l'Etat, à l'exclusion, notamment, du mobilier des départements (Voir Maguéro. *Op.* et v° *cit.*, n° 3). Les explications que nous avons fournies en commentant l'article 25 nous dispensent de toutes nouvelles justifications au sujet de cette dérogation.

Art. 60. — Le contrôle du domaine, en ce qui concerne spécialement la partie immobilière, doit être tenu par le service des domaines, au moyen de consignations et d'annotations à faire sur deux sommiers, dont il sera parlé plus loin, désignés sous les noms de *Sommier des immeubles affectés à un service public*, et *Sommier des immeubles non affectés à un service public*.

Mais l'établissement même de ces sommiers ne peut s'obtenir sans un inventaire réel des biens qui doivent y figurer et c'est pour ce motif que nous avons réglé, par une série de dispositions inscrites aux articles 60 à 64, une procédure préliminaire destinée à procurer les éléments de cet inventaire, sans risque d'omission.

Dans notre pensée, chaque chef de circonscription administrative, d'une part, chaque chef de service, de l'autre, devront faire connaître au service des domaines, en appuyant leurs renseignements de justifications précises, par la production des actes d'acquisition, d'affectation, etc., en leur possession, le nombre, la nature, l'importance des immeubles dépendant des divers domaines ; ils devront, d'ailleurs, distinguer, pour chacune des personnes administratives intéressées, les biens affectés à un service public et ceux exploités directement par le domaine lui-même. Par la comparaison des documents ainsi établis, il sera aisé de se rendre compte, d'une façon complète, de la consistance du patrimoine de chaque organisme administratif et les matériaux nécessaires à la confection des sommiers se trouveront ainsi réunis en totalité.

On remarquera que nous exceptons de la consignation générale deux catégories de biens :

En premier lieu, les dépendances du domaine public qui, comportant un long développement, se trouvent couvrir une surface de territoire considérable, correspondant à la superficie cumulée d'une quantité variable, mais toujours importante, de parcelles de dimensions ordinaires ; cette consignation présente, en effet, peu d'intérêt, car, d'une part, il est certain que le caractère de domanialité publique de semblables biens est d'une constatation facile et, d'autre part, leur désignation et description seraient trop compliquées pour pouvoir trouver place aux sommiers prévus.

En second lieu, les terres vacantes et sans maître qui, non

encore reconnues, sont insuffisamment déterminées, quant à leurs limites matérielles et à leur situation juridique, pour pouvoir faire l'objet de consignations précises ; il va sans dire que cette exception ne s'appliquerait pas aux parcelles de terres vaines et vagues à la reconnaissance desquelles il aurait été procédé en vue de leur affectation à la colonisation.

Art. 61. — L'article 61 est d'ordre presque exclusivement technique. Les titres des deux sommiers créés pour la consignation des articles descriptifs de chacune des dépendances des divers domaines sont ceux que l'usage a consacrés dans l'administration métropolitaine ; aussi les avons-nous conservés sans modification, bien que, dans la pratique, une confusion soit à craindre par ce fait qu'au *Sommier des biens affectés* doivent figurer certaines dépendances du domaine public artificiel, alors que le terme de « biens affectés » devrait, au contraire, être réservé aux seules dépendances du domaine privé (V. art. 21 de l'avant-projet). Nous avons pensé qu'il était prudent, avant toutes choses, de ne point dérouter, par l'usage de termes nouveaux et inusités, les agents du service métropolitain appelés à servir en Afrique occidentale française et les inspecteurs des colonies chargés éventuellement du contrôle.

Art. 62. — Nous avons eu occasion de dire, à propos de l'article 45 que l'administration n'avait jamais eu souci, lorsque le Gouvernement général, une colonie ou une commune se proposaient d'édifier un bâtiment sur une parcelle de terre vacante et sans maître, de procéder à la cession préalable, au domaine de la personne administrative intéressée, de la parcelle appartenant jusque-là à l'Etat. Notre article 49 contient même, à cet égard, une disposition spéciale tendant à éviter le retour de semblables errements.

Mais ce n'était pas tout que de disposer pour l'avenir ; il fallait encore songer à régulariser les situations antérieures, que d'autres circonstances ,sur lesquelles il serait trop long de s'étendre (confusion des budgets métropolitain et coloniaux, réunion entre les mains d'un personnel unique des services des travaux publics et du génie militaire, erreurs de conception au sujet de la répartition du domaine, etc.) ont contribué à rendre actuellement à peu près insolubles.

Pour cela, il nous a semblé que les trableaux, une fois dressés par l'administration de chaque colonie, après une entente nécessaire entre les divers services intéressés, pourraient recevoir une consécration définitive sous forme d'approbation par le Gouverneur général, en Conseil de gouvernement.

Ce sera, à notre avis, la façon la plus simple de résoudre, une fois pour toutes, ces questions devenues vraiment obsédantes des « terrains de la pointe nord » de Saint-Louis, par exemple, et de quantité d'autres de même nature.

Art. 63. — L'article 63 a pour but encore de procurer une régularisation indispensable ; il faut que l'affectation des immeubles aux services publics soit expresse et l'on ne pourra trouver que des avantages à ne pas laisser plus longtemps se poursuivre des occupations plus ou moins justifiées de terrains domaniaux susceptibles de fournir aux divers budgets des revenus très appréciables.

Art. 64. — Cette disposition n'est qu'une conséquence nécessaire du principe, dont il a été déjà fait plusieurs applications, en vertu duquel le service des domaines pourvoit d'une façon générale à la surveillance des domaines de l'Etat, du Gouvernement général et des colonies. Nous n'avons donc pas à fournir, sur ce point, d'explications nouvelles.

Les articles qui vont suivre sont, d'ailleurs, le développement de la règle posée à l'article 64.

Art. 65. — La distinction que nous avons observée pour la répartition des titres entre les autorités civiles et militaires s'explique d'elle-même.

Nous avons exposé (article 34) que la défense en justice du domaine appartenait aux services militaires ou maritimes, pour les dépendances intéressant la défense, au service des domaines, dans tous les autres cas ; il est donc nécessaire que les expéditions des actes formant titre de propriété soient remises aux mains des fonctionnaires, appelés à en réclamer l'exécution ; mais il est non moins nécessaire que le service des domaines soit tenu au courant de l'importance des biens affectés aux services militaires ou maritimes ; la remise de copies certifiées des titres sera, dans ce dernier cas, un élément d'information suffisant.

Art. 66. — Cet article constitue une adaptation aux besoins locaux du premier alinéa de l'article 23 de la loi métropolitaine du 29 décembre 1873.

Le législateur indo-chinois avait cru bon déjà de suivre le même modèle : l'article 47 de l'arrêté du 15 janvier 1903 renferme une disposition à peu près semblable à celle que nous proposons.

Art. 67. — Notre article 67 est également une adaptation

d'une autre partie, l'alinéa final, de l'article 23 de la loi de 1873, susvisé.

On remarquera que le texte métropolitain exige « que le « mandat (de payement) fasse mention du numéro sous le- « quel l'immeuble acquis a été immatriculé sur le sommier « du domaine ».

Nous demandons seulement, en ce qui nous concerne, que le mandat soit appuyé d'un certificat faisant connaître soit le numéro d'inscription de l'immeuble acquis, soit la dispense d'inscription dont bénéficient certaines dépendances du domaine public.

La pratique a, en effet, révélé la difficulté de satisfaire pleinement au vœu de l'article 23 et des mesures spéciales ont dû être prises pour en assurer l'observation.

D'une part, à la suite d'un arrêt du Conseil d'Etat du 3 février 1880, décidant que l'article 23 devait recevoir son application même lorsqu'il s'agit d'acquérir des parcelles à incorporer à une dépendance du domaine public n'ayant pas à figurer au sommier de consistance, l'administration a institué un mode de consignation provisoire (Lettre commune de la Direction générale de l'Enregistrement du 2 août 1880, n° 102), qui disparaît après l'achèvement des travaux d'appropriation.

Il nous paraît plus simple de supprimer cette formalité à peu près inutile.

D'autre part, on s'est rendu compte que l'inscription par le service des domaines du numéro d'immatriculation des immeubles sur les mandats émis pouvait présenter des inconvénients et occasionner des retards ; aussi une décision des Ministres des finances et des travaux publics du 30 novembre 1880 a-t-elle décidé qu'il pourrait être suppléé à la mention par un certificat d'immatriculation distinct, destiné à rester annexé au mandat et à en former le complément (V. Maguéro, *Op. cit.*, v° *Tableau des propriétés de l'Etat*, n° 3).

Nous nous sommes conformé à cette solution, dictée par l'expérience.

Enfin nous avons remplacé le mot « immatriculation », employé par la loi de 1873, par le mot « inscription », pour éviter toute erreur occasionnée par le sens spécial donné au premier, en Afrique occidentale française, sous l'empire du régime foncier actuellement en vigueur.

Comme pour l'article 66, nous devons faire remarquer, en ce qui concerne l'article 67, que nous avons été précédé dans nos imitations de la loi métropolitaine par le législateur indo-chinois : l'article 48 de l'arrêté local déjà cité reproduit la même disposition de l'article 23 de la loi de 1873 ; un alinéa additionnel prévoit même que « la disposition ne sera « pas applicable aux acquisitions de terrains destinés aux « travaux d'utilité publique ».

Art. 68. — Notre article 68 se rapproche enfin du 2e alinéa de l'article 23, au moins par sa disposition finale.

La première partie est la conséquence de la règle inscrite aux articles 35, 43 et 52 de l'avant-projet : le service des domaines, étant chargé de recouvrer les prix d'aliénation, doit nécessairement être mis en possession d'un titre ayant force exécutoire, à cet effet.

Notons, d'ailleurs, — et cette remarque eût pu déjà être faite à l'occasion de l'article 65, — que les actes intéressant les divers domaines devant, aux termes de l'article 4, être rédigés dans la forme administrative, l'établissement des expéditions dont il est fait mention n entraînera aucuns frais.

Art. 69. — Nous donnons la sanction législative à une mesure appliquée couramment dans la métropole (V. Maguéro, *Op. cit.*, v° *Affectation et désaffectation*, n° 11).

Cette précaution n'est point superflue, à raison de l'absence d'une direction technique imposée aux agents des domaines en service dans chaque colonie.

Art. 70. — Il s'agit là d'une règle de manutention qui complète la série des dispositions relatives à la tenue du contrôle des biens domaniaux.

Dispositions complémentaires.

Art. 71 et 72. — Cette double disposition s'explique suffisamment d'elle-même.

Les bois et forêts, d'une part, les mines, de l'autre, constituent des biens d'une nature toute particulière et d'une importance telle, au point de vue des ressources qu'ils peuvent apporter aux budgets par leur simple exploitation, que, avant même de statuer sur le sort du domaine, en général, on avait pris soin de tracer les règles spéciales à leur appliquer.

Le décret du 6 juillet 1899, pour les mines, ceux des 20 juillet et 5 août 1900 et 24 mars 1901, pour les forêts, doivent conserver leur valeur entière et, en admettant même que ces textes soient déjà insuffisants ou défectueux, il n'est pas possible, ni désirable, d'ailleurs, d'en englober la refonte dans l'avant-projet que nous avons établi.

Nos articles 71 et 72 sont donc absolument indispensables.

Art. 73. — Nous reprenons, en en étendant la portée, — et cela est logique, puisque notre avant-projet s'applique à la fois au domaine public et au domaine privé, — l'article 8 du décret du 23 octobre 1904.

Les règlements généraux à élaborer devront statuer :

1° Sur la procédure à suivre pour la détermination administrative des limites du domaine public naturel — et, à cet effet, il devra être tenu compte des dispositions de l'article 7 de l'avant-projet.

2° Sur la procédure à suivre en matière de concessions et de permis d'occupation temporaire du domaine public, ainsi que de constitutions de droits de même ordre, — toutes questions pour lesquelles d'utiles emprunts pourront être faits à la législation métropolitaine, sauf adaptation ;

3° Sur le mode d'exercice des servitudes d'utilité publique, — l'alignement, principalement, et les servitudes de passage sur les fonds voisins du rivage maritime et des rives des cours d'eau ;

4° Sur le mode d'utilisation des dépendances du domaine public et les mesures de police à ce relatives, — règlements de voirie, etc.

Il va sans dire que cette énumération n'a point pour effet de limiter à ces seuls objets le droit de réglementation appartenant à l'autorité locale, en vertu de l'article 51 de l'ordonnance organique du 7 septembre 1840, applicable, on le sait, dans les cinq colonies ; mais le droit de sanctionner les dispositions prises par des pénalités variant dans les limites de 1 à 300 francs ne s'étend pas cependant au delà des quatre séries de règlements nommément prévus et pour lesquels le Gouverneur général est exclusivement compétent.

Art. 74. — Ce nouveau texte doit être assez complet, — d'ailleurs, l'examen auquel il va être soumis permettra d'y introduire toute disposition complémentaire en vue de combler les lacunes qui auraient pu s'y glisser, — pour remplacer, à lui seul, l'ensemble des textes antérieurs relatifs à la matière domaniale.

Nous avons maintenu, il est vrai, par nos articles 71 et 72, les actes réglementant l'exploitation des terrains forestiers et miniers, et nous nous sommes expliqué à cet égard ; mais, en dehors de cette exception, nous faisons place nette pour tout le reste.

En somme, le décret à intervenir doit constituer le code du domaine. Or, il est toujours dangereux de laisser subsister, — comme on le fait trop fréquemment, l'article 13 du décret du 23 octobre 1904 en est la preuve, — les dispositions réputées « non contraires » aux actes nouveaux ; il est, dans la pratique, très délicat de distinguer, dans une législation composée d'une série d'actes se modifiant les uns les autres, les dispositions maintenues en vigueur et celles caduques : l'observation de M. Coquet, que nous avons rapportée, en commentant l'article 17, sur les servitudes militaires dans les colonies de l'Afrique occidentale française, le démontrerait avec la dernière évidence, s'il en était encore besoin.

Nous exceptons, il est vrai, — et cela fait deux exceptions, mais toutes deux expresses, — de l'abrogation générale, l'article 10 du décret du 23 octobre 1904. La raison en est bien simple : cette disposition, ou plus exactement les multiples dispositions de cet article visent une catégorie de terrains « formant la propriété collective des indigènes » et, par suite, ne pouvant, à aucun titre, être considérés comme soumis à la législation applicable aux terres domaniales.

Nous ajouterons que les dispositions de l'article 10 doivent être maintenues, bien que ne pouvant trouver place dans un texte spécial au domaine : elles répondent, en effet, à une nécessité dont nombre de nations colonisatrices et la France elle-même, dans quelques-unes de ses possessions, ont cru devoir tenir compte pour organiser un système de contrôle des transactions entre colons et indigènes (V. A. Girault, *Op. cit.*, n° 227, et notre rapport au Congrès colonial de 1904, *Des transactions immobilières entre colons et indigènes*, Tribune des colonies, 1904, II, 35).

Aussi estimons-nous qu'elles doivent être maintenues, mais en restant sous forme de texte distinct, sauf cependant à être incorporées plus tard dans un acte d'une portée générale sur le droit de contrôle de l'administration, dans le cas où l'on jugerait opportun de le sanctionner.

Nous proposons par contre l'abrogation formelle du décret du 3 août 1887, autorisant l'aliénation des terrains situés autour des gares du chemin de fer de Dakar-Saint-Louis.

Rappelons que, par le traité du 28 août 1883 et la convention additionnelle du 21 décembre 1884, le Damel du Cayor avait cédé à la France, pour l'établissement du chemin de fer de Dakar à Saint-Louis, une double bande de terrain de cinquante mètres de large de chaque côté de la voie à créer et des emplacements de trois cents mètres de rayon autour de chaque gare ou station ; l'Etat, ayant eu à supporter tous les frais de construction de la ligne, voulut rentrer, autant que possible, dans ses dépenses et résolut de réaliser à son profit les portions des emplacements des gares et stations demeurées disponibles en dehors des emprises : c'est ce qu'avait décidé le décret du 3 août 1887.

L'abandon des droits de l'Etat sur les parcelles non encore aliénées, sans porter une atteinte appréciable aux finances métropolitaines, constituerait une mesure toute naturelle, — l'origine des droits de la France sur les terres de l'Ouest-africain résidant presque toujours dans des traités de cession analogues à ceux de 1883 et 1884, — au moment de l'institution d'un régime définitif du domaine en Afrique occidentale française.

⁂

Là s'arrête notre avant-projet : nous croyons y avoir fait entrer toutes les prescriptions de nature à assurer une conservation rigoureuse et une gestion profitable des biens composant le patrimoine commun des habitants de nos possessions de l'Ouest-africain.

Nous avons suffisamment mis en lumière les ressources considérables que l'administration peut tirer du domaine, au point de vue tant des progrès de la colonisation que de la prospérité des finances, et nous avons démontré, par là même, l'intérêt qui s'attache à donner à cette question du domaine la place qui lui revient dans l'élaboration d'un programme de colonisation sérieusement conçu ; nous insisterons cependant encore sur cette considération que, de tout notre empire colonial français, le groupe de l'Afrique occidentale constitue assurément la fraction qui, par l'immensité des terres encore vierges, présente, à ce point de vue spécial, la plus réelle importance ; il est donc tout naturel que nous ayons pris à tâche de doter ces territoires d'une législation aussi complète que possible sur la matière : cette tentative se trouvait, d'ailleurs, singulièrement facilitée, grâce aux nombreuses études théoriques auxquelles il nous a été permis de recourir : la question a été assez étudiée, semble-t-il, à l'heure actuelle, pour que l'on n'ait pas à craindre d'aller à l'aventure en édictant des règles précises, même sur les points les plus négligés, jusqu'ici, du législateur.

Comme conclusion à son étude, si souvent citée par nous, sur *L'attribution du domaine,* M. Coquet émettait le vœu que l'on dotât nos colonies, « en commençant par l'Indo-Chine, « d'une législation domaniale satisfaisante et durable ». Nous réclamons, pour le Gouvernement général de l'Afrique occidentale française, l'honneur d'entrer le premier dans cette voie.

1er mai 1907.

LAVAL. — IMPRIMERIE L. BARNÉOUD ET Cie

www.ingramcontent.com/pod-product-compliance
Ingram Content Group UK Ltd.
Pitfield, Milton Keynes, MK11 3LW, UK
UKHW012232240726
13966UKWH00003B/1058

9 782013 544832